Otto Mayr

Sprach-labor

Sprachbetrachtung in den Jahrgangsstufen 5 und 6

Kopiervorlagen

Auer Verlag GmbH

Gedruckt auf umweltbewusst gefertigtem, chlorfrei gebleichtem
und alterungsbeständigem Papier.

2. Auflage. 2003
Nach der Neuregelung der deutschen Rechtschreibung

Gesamtherstellung: Ludwig Auer GmbH, Donauwörth
ISBN 3-403-0**3183**-7

Inhalt

WORTLEHRE

SATZLEHRE

BEDEUTUNGSLEHRE

Welche Wortarten gibt es?

Adresse
Fahne
Maus
Waage

zäh
rostig
feucht
leise

lachen
blöken
rutschen
erwidern

gern oft
bald hier

auf bei
neben
zwischen

aber
sonst
auch folglich

der die
das
ein eine

ich dein
unseres
welches

- Welche Wörter gehören zusammen? Kreise sie ein und trage die einzelnen Wortarten anschließend in die Kästchen ein!

Substantive: ____________

____

____

____

____

____

____

____

- Finde zu jedem Kästchen 2 weitere passende Wörter und trage sie ein!

Welche Wortarten gibt es?

Adresse Fahne Maus Waage

zäh rostig feucht leise

lachen blöken rutschen erwidern

gern oft bald hier

auf bei neben zwischen

aber sonst auch folglich

der die das ein eine

ich dein unseres welches

- Welche Wörter gehören zusammen? Kreise sie ein und trage die einzelnen Wortarten anschließend in die Kästchen ein!

Substantive:
Adresse, Fahne, Maus, Waage;

Verben:
lachen, blöken, rutschen, erwidern;

Adjektive:
zäh, rostig, feucht, leise;

Artikel:
der, die, das, ein, eine;

Pronomen:
ich, dein, unseres, welches;

Präpositionen:
auf, bei, neben, zwischen;

Konjunktionen:
aber, sonst, auch, folglich;

Adverbien:
gern, oft, bald, hier;

- Finde zu jedem Kästchen 2 weitere passende Wörter und trage sie ein!

Wortbildung durch Ableitung

Durch den Wechsel der Wortarten kannst du deinen Wortschatz erweitern. Ergänze die folgende Tabelle! Beachte dabei, dass sich manchmal der Wortstamm ändert!

Substantiv	**Verb**	**Adjektiv**
	erklären	
		korrekt
Zahl		
		mächtig
	fragen	
Wasser		
	tragen	

Ergänze die oben stehende Tabelle mit den folgenden Wörtern und suche jeweils das dazugehörige Verb und Adjektiv!

Ekel * Leim * Regen * Silber * Hunger * Narr * Zorn * Gold * Ruß * Kummer * Zucker * Qualm * Rost * Glück * Adel * Angst * Fahrt * Folge * Fuge * Gier * Herz * Hoffnung * Huld * Pulver * Rätsel * Ritt * Sauberkeit

Mithilfe von Vorsilben können neue Wörter gebildet werden. Aus Adjektiven werden Verben. Führe die Tabelle fort!

klar * kurz * fest * herrlich * bleich * dünn * scharf * krank * ruhig * schlecht * weit * dick * schön * wild * leer * grau * treu * rein * neu * deutlich * müde * leicht * groß * sanft * schwer * dunkel * jung * stark * arm * gerade * schlimm * warm * fein * frisch * flüssig * munter * taub * breit * recht * heimlich * sanft

er-	**be-**	**ent-**	**ver-**

In der Tabelle unten findest du weitere Möglichkeiten, aus Adjektiven Verben zu bilden:

schwach * mild * krumm * fest * wild * lind * glatt * zahm * schnell * falsch * scheu * hart * rein

Umlaut + en	**-en**	**-ern**	**-igen**

Wortbildung durch Ableitung

Durch den Wechsel der Wortarten kannst du deinen Wortschatz erweitern. Ergänze die folgende Tabelle! Beachte dabei, dass sich manchmal der Wortstamm ändert!

Substantiv	Verb	Adjektiv
Erklärung	erklären	klar
Korrektur	korrigieren	korrekt
Zahl	zählen	zahlreich
Macht	ermächtigen	mächtig
Frage	fragen	fraglich
Wasser	wässern	wässrig
Trage	tragen	tragbar

Ergänze die oben stehende Tabelle mit den folgenden Wörtern und suche jeweils das dazugehörige Verb und Adjektiv!

Ekel * Leim * Regen * Silber * Hunger * Narr * Zorn * Gold * Ruß * Kummer * Zucker * Qualm * Rost * Glück * Adel * Angst * Fahrt * Folge * Fuge * Gier * Herz * Hoffnung * Huld * Pulver * Rätsel * Ritt * Sauberkeit

Mithilfe von Vorsilben können neue Wörter gebildet werden. Aus Adjektiven werden Verben. Führe die Tabelle fort!

klar * kurz * fest * herrlich * bleich * dünn * scharf * krank * ruhig * schlecht * weit * dick * schön * wild * leer * grau * treu * rein * neu * deutlich * müde * leicht * groß * sanft * schwer * dunkel * jung * stark * arm * gerade * schlimm * warm * fein * frisch * flüssig * munter * taub * breit * recht * heimlich * sanft

er-	be-	ent-	ver-
erklären	befestigen	entschärfen	verkürzen
erbleichen	beruhigen	entleeren	verherrlichen

In der Tabelle unten findest du weitere Möglichkeiten, aus Adjektiven Verben zu bilden:

schwach * mild * krumm * fest * wild * lind * glatt * zahm * schnell * falsch * scheu * hart * rein

Umlaut + en	-en	-ern	-igen
schwächen	scheuen	mildern	festigen
krümmen	schnellen	wildern	reinigen

Wortbildung durch Zusammensetzung

Yvonne freut sich bereits auf die Sommerferien. Sie wird mit ihren Eltern und ihrem Bruder nach Griechenland ans Meer fahren. Bereits in den letzten Wochen vor der geplanten Reise notiert sie die Gegenstände, die sie nicht vergessen darf: Sonnenbrille, Federballschläger, Badeanzug, Sonnenmilch, Wasserball, Sonnenhut, Taucherbrille, Schwimmflossen, Badelatschen. Ob sie ihre Regenjacke auch mitnehmen soll? „Doch nicht bei der Tropenhitze“, denkt sie.

- Schreibe einige zusammengesetzte Wörter heraus! Unterstreiche das Grundwort blau, das Bestimmungswort gelb! Aus welchen Wortarten besteht die Zusammensetzung?

- Hier entstehen neue Wörter aus der Zusammensetzung **Substantiv + Substantiv**.

Haus * Mantel * Arbeit * Salz * Schule * Hand * Schmerzen * Tasche * Kartoffel * Bewohner * Klasse * Fleiß * Affe * Streich * Buch * Pflanze * Magen * Mond * Stadt * Licht * Theater * Hitze * Regal * Zimmer

- Hier entstehen neue Wörter aus der Zusammensetzung **Verb + Substantiv**.

liegen * Becken * spielen * Band * schwimmen * Kissen * kleben * Wiese * rennen * sitzen * Platz * Bahn

- Hier entstehen neue Wörter aus der Zusammensetzung **Adjektiv + Substantiv**.

wild * Kind * laut * Schwein * gelb * Wein * süß * Sprecher * weiß * Speise * klein * Fieber

Wortbildung durch Zusammensetzung

Yvonne freut sich bereits auf die Sommerferien. Sie wird mit ihren Eltern und ihrem Bruder nach Griechenland ans Meer fahren. Bereits in den letzten Wochen vor der geplanten Reise notiert sie die Gegenstände, die sie nicht vergessen darf: Sonnenbrille, Federballschläger, Badeanzug, Sonnenmilch, Wasserball, Sonnenhut, Taucherbrille, Schwimmflossen, Badelatschen. Ob sie ihre Regenjacke auch mitnehmen soll? „Doch nicht bei der Tropenhitze", denkt sie.

- Schreibe einige zusammengesetzte Wörter heraus! Unterstreiche das Grundwort blau, das Bestimmungswort gelb! Aus welchen Wortarten besteht die Zusammensetzung?

Sommerferien, Sonnenbrille, Federballschläger, Badeanzug, Sonnenmilch,
Wasserball, Sonnenhut, Taucherbrille, Schwimmflossen, Badelatschen,
Regenjacke, Tropenhitze;

- Hier entstehen neue Wörter aus der Zusammensetzung **Substantiv + Substantiv**.

Haus * Mantel * Arbeit * Salz * Schule * Hand * Schmerzen * Tasche * Kartoffel * Bewohner * Klasse * Fleiß * Affe * Streich * Buch * Pflanze * Magen * Mond * Stadt * Licht * Theater * Hitze * Regal * Zimmer

Hausbewohner, Salzkartoffel, Manteltasche, Magenschmerzen, Fleißarbeit,
Schulklasse, Affenhitze, Zimmerpflanze, Stadttheater, Mondlicht, Handstreich,
Bücherregal;

- Hier entstehen neue Wörter aus der Zusammensetzung **Verb + Substantiv.**

liegen * Becken * spielen * Band * schwimmen * Kissen * kleben * Wiese * rennen * Wette * sitzen * Platz

Klebeband, Spielplatz, Liegewiese, Sitzkissen,
Schwimmbecken, Rennbahn;

- Hier entstehen neue Wörter aus der Zusammensetzung **Adjektiv + Substantiv**.

wild * Kind * laut * Schwein * gelb * Wein * süß * Sprecher * weiß * Speise * klein * Fieber

Wildschwein, Süßspeise, Lautsprecher, Weißwein, Gelbfieber,
Kleinkind;

Das Substantiv

Funde berichten aus der Frühzeit des Menschen

Kein Buch erzählt uns aus den frühen … der Menschheit. Kein Bauwerk gibt uns Zeugnis aus dieser … Trotzdem ist es … gelungen, das … dieser … zu enträtseln.
Zufällige Funde bei …, in … und … brachten Werkzeuge aus Stein und … zutage.
Die … fanden menschliche Skelette und konnten sich bald ein … vom Leben in dieser Zeit machen. Sie entdeckten auch Tierknochen und konnten auf die … des Menschen schließen; sie konnten auch die … bestimmen, die damals in der … des Menschen lebten. Durch den … vieler Funde lernten sie das Leben dieser Menschen kennen. Je mehr … sie vergleichen konnten, desto genauer wurde diese …

- Setze die folgenden Wörter in den Text ein!

Bauarbeiten * **Nahrung** * **Tagen** * **Funde** * **Wissenschaftlern** * **Menschen** * **Leben** * **Zeit** * **Kenntnis** * **Forscher** * **Kiesgruben** * **Tiere** * **Bild** * **Umgebung** * **Vergleich** * **Höhlen** * **Metall**

- Substantive können Verschiedenes bezeichnen. Findest du die richtige Einteilung dieser Wörter?

Hund * **Tribüne** * **Lampe** * **Angst** * **Säugetier** * **Schiff** * **Humor** * **Freiheit** * **Vogel** * **Würfel** * **Fisch** * **Mut** * **Mensch** * **Zeitung** * **Mücke** * **Liebe** * **Fahrrad** * **Freude**

Substantive sind Wörter, mit denen wir ____________________,
____________________ und ____________________ bezeichnen können.

Das Substantiv

Funde berichten aus der Frühzeit des Menschen

Kein Buch erzählt uns aus den frühen *Tagen* der Menschheit. Kein Bauwerk gibt uns Zeugnis aus dieser *Zeit.* Trotzdem ist es *Wissenschaftlern* gelungen, das *Leben* dieser *Menschen* zu enträtseln. Zufällige Funde bei *Bauarbeiten*, in *Kiesgruben* und *Höhlen* brachten Werkzeuge aus Stein und *Metall* zutage.
Die *Forscher* fanden menschliche Skelette und konnten sich bald ein *Bild* vom Leben in dieser Zeit machen. Sie entdeckten auch Tierknochen und konnten auf die *Nahrung* des Menschen schließen; sie konnten auch die *Tiere* bestimmen, die damals in der *Umgebung* des Menschen lebten. Durch den *Vergleich* vieler Funde lernten sie das Leben dieser Menschen kennen. Je mehr *Funde* sie vergleichen konnten, desto genauer wurde diese *Kenntnis*.

Setze die folgenden Wörter in den Text ein!

Tagen * **Zeit** * **Wissenschaftlern** * **Leben** * **Menschen** * **Bauarbeiten** * **Kiesgruben** * **Höhlen** * **Metall** * **Forscher** * **Bild** * **Nahrung** * **Tiere** * **Umgebung** * **Vergleich** * **Funde** * **Kenntnis**

Substantive können Verschiedenes bezeichnen. Findest du die richtige Einteilung dieser Wörter?

Hund * **Tribüne** * **Lampe** * **Angst** * **Säugetier** * **Schiff** * **Humor** * **Freiheit** * **Vogel** * **Würfel** * **Fisch** * **Mut** * **Mensch** * **Zeitung** * **Mücke** * **Liebe** * **Fahrrad** * **Freude**

Lebewesen	Gegenstände	Begriffe*
Hund	Tribüne	Angst
Säugetier	Lampe	Humor
Vogel	Schiff	Freiheit
Fisch	Würfel	Mut
Mensch	Zeitung	Liebe
Mücke	Fahrrad	Freude

Substantive sind Wörter, mit denen wir Lebewesen, Gegenstände und Begriffe bezeichnen können.

* *Substantive, mit denen etwas Nichtgegenständliches bezeichnet wird.*

Substantive – Singular und Plural

ein Atlas

Betrug Heer Berlin Bank Tee Plunder

Beamter Eigentum Chor Lastwagen

und viele Atlas Atlas Atlas

Bonbon Kaninchen Braut Fleisch Drama Israel

Kissen Firma Tor Leiter Ebbe Konto

Fleisch Mantel Hagel Fohlen Trubel

Bilde den Plural der Wörter aus dem Kasten und trage richtig ein!

1. Regelmäßige Pluralbildung:

   das Heer – die Heere, ______________________________

   ____

   ____

2. Unregelmäßige Pluralbildung:

   der Atlas – die Atlanten, ______________________________

   ____

   ____

3. Hier sind je nach Wortbedeutung verschiedene Pluralbildungen möglich!

   die Bank – die Bänke/die Banken, ______________________________

   ____

   ____

   ____

4. Bei diesen Substantiven gibt es keine Pluralbildung!

   Berlin, ______________________________

   ____

5. Der Plural ist nur am Artikel „die" zu erkennen. Das Substantiv ändert sich nicht.

   das Kissen – die Kissen, ______________________________

   ____

Substantive – Singular und Plural

ein Atlas

Betrug **Heer** **Berlin** **Bank** **Tee** **Plunder**

Beamter **Eigentum** **Chor** **Lastwagen**

und viele Atlas Atlas Atlas

Bonbon **Kaninchen** **Braut** **Fleisch** **Drama** **Israel**

Kissen **Firma** **Tor** **Leiter** **Ebbe** **Konto**

Fleisch **Mantel** **Hagel** **Fohlen** **Trubel**

Bilde den Plural der Wörter aus dem Kasten und trage richtig ein!

1. Regelmäßige Pluralbildung:

   das Heer – die Heere, der Beamte – die Beamten, der Chor – die Chöre, das Bonbon – die Bonbons, die Braut – die Bräute, der Mantel – die Mäntel, der Tee – die Tees;

2. Unregelmäßige Pluralbildung:

   der Atlas – die Atlanten, der Betrug – die Betrügereien, das Drama – die Dramen, die Firma – die Firmen, das Konto – die Konten;

3. Hier sind je nach Wortbedeutung verschiedene Pluralbildungen möglich!

   die Bank – die Bänke (Sitzgelegenheit) **– die Banken** (Geldinstitute), das Tor – die Tore (Tür), der Tor – die Toren (Dummkopf), die Leiter – die Leitern (Hilfsmittel zum Hinaufsteigen), der Leiter – die Leiter (Person, die eine Gruppe leitet);

4. Bei diesen Substantiven gibt es keine Pluralbildung!

   Berlin, das Eigentum, das Fleisch, Israel, das Benzin, der Hagel, der Trubel, der Plunder, die Ebbe;

5. Der Plural ist nur am Artikel „die" zu erkennen. Das Substantiv ändert sich nicht.

   das Kissen – die Kissen, das Kaninchen – die Kaninchen, der Lastwagen – die Lastwagen, das Fohlen – die Fohlen;

Die Fälle der Substantive

Substantive (Hauptwörter) kann man beugen. Es gibt vier Fälle.

Fall (Kasus)		Singular	Plural
1. Fall: Frage: ____________	(Werfall)	das Kind	____________
2. Fall: Frage: ____________	(Wessenfall)	____________	____________
3. Fall: Frage: ____________	(Wemfall)	____________	____________
4. Fall: Frage: ____________	(Wenfall)	____________	____________

Frage nach den einzelnen Fällen und unterstreiche die Fälle unterschiedlich!

Beispiel: Der Arzt untersucht den Kranken.

Frage: Wer untersucht den Kranken? Antwort: der Arzt → erster Fall

1. Das Haus der Familie ist sehr teuer.
2. Zu wenig Schlaf schadet der Gesundheit.
3. Der Maler streicht das Zimmer.
4. Die Brotzeit schmeckt dem Maurer.
5. Der Schüler fragt den Lehrer.
6. Der Hund des Mannes jagt eine Katze.

Bilde sinnvolle Sätze, bestimme die Fälle und unterstreiche!

1. **der Elefant * der Tierarzt * untersuchen**
2. **das Mädchen * Eisbecher * schmecken**
3. **die Schuhe * der Mann * neu (2. Fall) sein**
4. **der Verlierer * der Gewinner * gratulieren**
5. **der Junge * die Uhr * teuer (2. Fall) sein**
6. **Frau Kiehl * Klavier * spielen**
7. **das Kostüm * der Dame * gefallen**
8. **der Bäcker * Krapfen * verkaufen**

Die Fälle der Substantive

Substantive (Hauptwörter) kann man beugen. Es gibt vier Fälle.

Fall (Kasus)	Singular	Plural
1. Fall: Nominativ (Werfall) Frage: Wer oder was?	das Kind	die Kinder
2. Fall: Genitiv (Wessenfall) Frage: Wessen?	des Kindes	der Kinder
3. Fall: Dativ (Wemfall) Frage: Wem?	dem Kind	den Kindern
4. Fall: Akkusativ (Wenfall) Frage: Wen oder was?	das Kind	die Kinder

Frage nach den einzelnen Fällen und unterstreiche die Fälle unterschiedlich!

Beispiel: Der Arzt untersucht den Kranken.

Frage: Wer untersucht den Kranken? Antwort: der Arzt → erster Fall

① Das Haus der Familie ist sehr teuer.
② Zu wenig Schlaf schadet der Gesundheit.
③ Der Maler streicht das Zimmer.
④ Die Brotzeit schmeckt dem Maurer.
⑤ Der Schüler fragt den Lehrer.
⑥ Der Hund des Mannes jagt eine Katze.

Bilde sinnvolle Sätze, bestimme die Fälle und unterstreiche!

① der Elefant * der Tierarzt * untersuchen
② das Mädchen * Eisbecher * schmecken
③ die Schuhe * der Mann * neu (2. Fall) sein
④ der Verlierer * der Gewinner * gratulieren
⑤ der Junge * die Uhr * teuer (2. Fall) sein
⑥ Frau Kiehl * Klavier * spielen
⑦ das Kostüm * der Dame * gefallen
⑧ der Bäcker * Krapfen * verkaufen

Der Tierarzt untersucht den Elefanten. Der Eisbecher schmeckt dem Mädchen. Die Schuhe des Mannes sind neu. Der Verlierer gratuliert dem Gewinner. Die Uhr des Jungen ist teuer. Frau Kiehl spielt Klavier. Das Kostüm gefällt der Dame. Der Bäcker verkauft Krapfen.

Die Verben

Ferien in Afrika – einige Faustregeln

- Große Hitze … vor allem Kleinkinder. Deshalb öfter den Schatten … !
- Gemüse und Obst gut … oder … !
- Leitungswasser … .
- Die Zähne möglichst mit Mineralwasser … !
- Nur abgepacktes Eis … !
- Oft die Hände … !
- Bei Reisen außerhalb Europas gegen Cholera … lassen!
- Um ruhig zu …, Moskitonetze … lassen!

Der Text ist unverständlich. Warum? Setze die folgenden Verben in den Text ein!

putzen * **waschen** * **gefährdet** * **anbringen** * **impfen** * **aufsuchen** * **kaufen** * **waschen** * **abkochen** * **schälen** * **schlafen**

Teile die Verben in die folgenden drei Gruppen ein und ergänze eigene Beispiele!

Verben, die eher einen Zustand beschreiben **Zustandsverben**	Verben, die eher einen Vorgang beschreiben **Vorgangsverben**	Verben, die eher eine Tätigkeit beschreiben **Tätigkeitsverben**

Verben sind Wörter, mit denen wir ______________________,
______________ und ______________ näher beschreiben können.

Die Verben

Ferien in Afrika – einige Faustregeln

- Große Hitze *gefährdet* vor allem Kleinkinder. Deshalb öfter den Schatten *suchen*!
- Gemüse und Obst gut *waschen* oder *schälen*!
- Leitungswasser *abkochen*!
- Die Zähne möglichst mit Mineralwasser *putzen*!
- Nur abgepacktes Eis *kaufen*!
- Oft die Hände *waschen*!
- Bei Reisen außerhalb Europas gegen Cholera *impfen* lassen!
- Um ruhig zu *schlafen,* Moskitonetze *anbringen* lassen!

Der Text ist unverständlich. Warum? Setze die folgenden Verben in den Text ein!

putzen * **waschen** * **gefährdet** * **anbringen** * **impfen** * **aufsuchen** * **kaufen** * **waschen** * **abkochen** * **schälen** * **schlafen**

Teile die Verben in die folgenden drei Gruppen ein und ergänze eigene Beispiele!

Verben, die eher einen Zustand beschreiben **Zustandsverben**	Verben, die eher einen Vorgang beschreiben **Vorgangsverben**	Verben, die eher eine Tätigkeit beschreiben **Tätigkeitsverben**
gefährden	schlafen	aufsuchen
bleiben	bringen	waschen
sein	erfrieren	schälen
besitzen	wachsen	abkochen
enthalten	sinken	putzen
wohnen	fallen	kaufen
liegen	regnen	impfen
leiden	sterben	bauen
misslingen	schmelzen	pflücken
mögen	sprießen	lesen

Verben sind Wörter, mit denen wir ___Tätigkeiten___, ___Vorgänge___ und ___Zustände___ näher beschreiben können.

Die Zeitformen des Verbs (1)

Unser Schulfest

Heute feiern wir unser traditionelles Schulfest. Überall stehen Kinder hinter Tischen und bewirten Mitschüler und Eltern. Im ersten Stock bieten die Kinder der Klasse 6 a Pizza an. Im Klassenzimmer der 8 b läuft ein Film der Video-Gruppe. Die Kinder spielen auf dem Schulhof oder malen und basteln in den Klassenzimmern. Die Eltern und Lehrer unterhalten sich. Zum Glück scheint die Sonne.

Unterstreiche die Verben, die die Zeitform der Gegenwart (Präsens) zum Ausdruck bringen! Wann wird diese Zeitform gewählt?

1. Wenn ein Bericht über dieses Schulfest geschrieben wird, so verwendet man die Zeitform der ______________________:

2. Wenn ein Schüler seinen Eltern von diesem Fest erzählt, verwendet er die Zeitform der ______________________:

Unterstreiche in beiden Texten die Verben und Hilfsverben (*haben, sein* mit ihren Formen), die die einzelnen Zeitformen zum Ausdruck bringen!

Die Zeitformen des Verbs (1)

Unser Schulfest

Heute feiern wir unser traditionelles Schulfest. Überall stehen Kinder hinter Tischen und bewirten Mitschüler und Eltern. Im ersten Stock bieten die Kinder der Klasse 6 a Pizza an. Im Klassenzimmer der 8 b läuft ein Film der Video-Gruppe. Die Kinder spielen auf dem Schulhof oder malen und basteln in den Klassenzimmern. Die Eltern und Lehrer unterhalten sich. Zum Glück scheint die Sonne.

▶ Unterstreiche die Verben, die die Zeitform der Gegenwart (Präsens) zum Ausdruck bringen! Wann wird diese Zeitform gewählt?

1. Wenn ein Bericht über dieses Schulfest geschrieben wird, so verwendet man die Zeitform der ersten Vergangenheit (Präteritum):
   Heute feierten wir unser traditionelles Schulfest. Überall standen Kinder hinter Tischen und bewirteten Mitschüler und Eltern. Im ersten Stock boten die Schüler der Klasse 6 a Pizza an. Im Klassenzimmer der 8 b lief ein Film der Video-Gruppe. Die Kinder spielten auf dem Schulhof oder malten und bastelten in den Klassenzimmern. Die Eltern und Lehrer unterhielten sich. Zum Glück schien die Sonne.

2. Wenn ein Schüler seinen Eltern von diesem Fest erzählt, verwendet er die Zeitform der zweiten Vergangenheit (Perfekt):
   Heute haben wir unser traditionelles Schulfest gefeiert. Überall haben Kinder hinter Tischen gestanden und Mitschüler und Eltern bewirtet.
   Im ersten Stock haben die Schüler der Klasse 6 a Pizza angeboten. Im Klassenzimmer der 8 b ist ein Film der Video-Gruppe gelaufen. Die Kinder haben auf dem Schulhof gespielt oder in den Klassenzimmern gemalt und gebastelt.
   Die Eltern und Lehrer haben sich unterhalten. Zum Glück hat die Sonne geschienen.

▶ Unterstreiche in beiden Texten die Verben und Hilfsverben (*haben, sein* mit ihren Formen), die die einzelnen Zeitformen zum Ausdruck bringen!

Die Zeitformen des Verbs (2)

Planungen für das Schulfest im nächsten Jahr

Auch im nächsten Jahr werden wir unser Schulfest wieder feiern. Allerdings wollen wir einige Dinge ändern. So wird in Zukunft jede Klasse in ihrem Zimmer eine Ausstellung organisieren. Außerdem werden die Eltern vermehrt mitarbeiten. Im Pausenhof wird ein Stand mit Speisen und Getränken aufgebaut werden …

- Unterstreiche im Text oben die Verben und Hilfsverben, die die Zeitform der Zukunft (Futur I) zum Ausdruck bringen!
- Setze nun die folgenden Sätze in die verschiedenen grammatischen Zeiten (Tempi)!

Präsens:	Sabine liest ein Buch.
Imperfekt/Präteritum:	____________
Perfekt:	____________
Plusquamperfekt:	____________
Futur I:	____________

Präsens:	____________
Imperfekt/Präteritum:	____________
Perfekt:	Martin ist nach München gefahren.
Plusquamperfekt:	____________
Futur I:	____________

Präsens:	____________
Imperfekt/Präteritum:	Silke gewann das Turnier.
Perfekt:	____________
Plusquamperfekt:	____________
Futur I:	____________

Die Zeitformen des Verbs (2)

Planungen für das Schulfest im nächsten Jahr

Auch im nächsten Jahr werden wir unser Schulfest wieder feiern. Allerdings wollen wir einige Dinge ändern. So wird in Zukunft jede Klasse in ihrem Zimmer eine Ausstellung organisieren. Außerdem werden die Eltern vermehrt mitarbeiten. Im Pausenhof wird ein Stand mit Speisen und Getränken aufgebaut werden …

- Unterstreiche im Text oben die Verben und Hilfsverben, die die Zeitform der Zukunft (Futur I) zum Ausdruck bringen!
- Setze nun die folgenden Sätze in die verschiedenen grammatischen Zeiten (Tempi)!

Präsens:	Sabine liest ein Buch.
Imperfekt/Präteritum:	Sabine las ein Buch.
Perfekt:	Sabine hat ein Buch gelesen.
Plusquamperfekt:	Sabine hatte ein Buch gelesen.
Futur I:	Sabine wird ein Buch lesen.

Präsens:	Martin fährt nach München.
Imperfekt/Präteritum:	Martin fuhr nach München.
Perfekt:	Martin ist nach München gefahren.
Plusquamperfekt:	Martin war nach München gefahren.
Futur I:	Martin wird nach München fahren.

Präsens:	Silke gewinnt das Turnier.
Imperfekt/Präteritum:	Silke gewann das Turnier.
Perfekt:	Silke hat das Turnier gewonnen.
Plusquamperfekt:	Silke hatte das Turnier gewonnen.
Futur I:	Silke wird das Turnier gewinnen.

Das Verb: Infinitiv – Partizip I – Partizip II

„Stell dir vor, unser Wellensittich hat Benzin getrunken, flog dreimal durchs Zimmer und stürzte zu Boden." – „Tot?" – „Nein, kein Benzin mehr!"

Der Wagen wird in die Werkstatt geschleppt. „Ich bin gegen eine Mauer gefahren", spricht der Fahrer. Der Meister geht um das Auto herum und fragt: „Wie oft?"

Trage die Verben aus dem oben stehenden Text in den richtigen Formen in die folgende Tabelle ein und unterstreiche die Merkmale der Partizipien!

Grundform (Infinitiv)	Mittelwort der Gegenwart Partizip I	Mittelwort der Vergangenheit Partizip II

Ergänze die folgenden Sätze durch Partizip I oder Partizip II! Verwende folgende Verben:

lernen * keuchen * jammern * spalten * zwingen * leihen * sinken * ziehen * winken * reiten * staunen

(1.) Ich habe zur Vorbereitung auf die Probearbeit viel ____________. (2.) Der Junge saß ____________ am Boden. (3.) ____________ erreichte der Läufer das Ziel. (4.) Gestern erst hatte er ihm seine neue CD ____________. (5.) Sandra war noch nie auf einem Pferd ____________. (6.) Der Mann betrachtete ____________ die Szene, die sich vor seinen Augen abspielte. (7.) Das ____________ Schiff war nicht mehr zu retten. (8.) Mit einem Hieb hatte er das Holz ____________. (9.) Sie stand noch lange ____________ am Bahnsteig. (10.) Mit einem Traktor wurde das Auto aus der Wiese ____________. (11.) Die läuferische Überlegenheit der Heimmannschaft führte ____________ zu Fehlern der Gäste.

Das Verb: Infinitiv – Partizip I – Partizip II

„Stell dir vor, unser Wellensittich hat Benzin getrunken, flog dreimal durchs Zimmer und stürzte zu Boden.“ – „Tot?“ – „Nein, kein Benzin mehr!“

Der Wagen wird in die Werkstatt geschleppt. „Ich bin gegen eine Mauer gefahren“, spricht der Fahrer. Der Meister geht um das Auto herum und fragt: „Wie oft?“

Trage die Verben aus dem oben stehenden Text in den richtigen Formen in die folgende Tabelle ein und unterstreiche die Merkmale der Partizipien!

Grundform (Infinitiv)	**Mittelwort der Gegenwart Partizip I**	**Mittelwort der Vergangenheit Partizip II**
trinken	trinkend	getrunken
stürzen	stürzend	gestürzt
schleppen	schleppend	geschleppt
fahren	fahrend	gefahren
sprechen	sprechend	gesprochen
gehen	gehend	gegangen
fragen	fragend	gefragt
	Endung „-nd“	Vorsilbe „ge-“

Ergänze die folgenden Sätze durch Partizip I oder Partizip II! Verwende folgende Verben:

lernen * keuchen * jammern * spalten * zwingen * leihen * sinken * ziehen * winken * reiten * staunen

① Ich habe zur Vorbereitung auf die Probearbeit viel gelernt. ② Der Junge saß jammernd am Boden. ③ Keuchend erreichte der Läufer das Ziel. ④ Gestern erst hatte er ihm seine neue CD geliehen. ⑤ Sandra war noch nie auf einem Pferd geritten. ⑥ Der Mann betrachtete staunend die Szene, die sich vor seinen Augen abspielte. ⑦ Das sinkende Schiff war nicht mehr zu retten. ⑧ Mit einem Hieb hatte er das Holz gespalten. ⑨ Sie stand noch lange winkend am Bahnsteig. ⑩ Mit einem Traktor wurde das Auto aus der Wiese gezogen. ⑪ Die läuferische Überlegenheit der Heimmannschaft führte zwingend zu Fehlern der Gäste.

Das Verb: Aktiv und Passiv

Vom Regen überrascht

Gestern wurden einige Wanderer von einem Unwetter überrascht. Die Kleidung wurde vom Regen durchnässt. Die Wege wurden teilweise völlig vom Regen überschwemmt. Verzweifelt wurde ein Unterschlupf gesucht. Endlich wurde eine Hütte gefunden, in der die Wanderer das Ende des Unwetters abwarten konnten. Von Freunden, die nach ihnen gesucht hatten, wurden sie dann gefunden.

- Unterstreiche die Subjekte! Setze den Text in das Aktiv! Beachte: Im Aktiv ändert sich auch das Subjekt.

____
____
____
____
____
____
____

- Setze die folgenden Sätze in das Aktiv bzw. Passiv! Unterstreiche jeweils das Subjekt!

Das Mädchen pflückte die Blumen.	______________________________
______________________________	Der Brief wurde nun von Susi geschrieben.
Der Gegenspieler setzte Florian schachmatt.	______________________________
______________________________	Die Schüler wurden vom Lehrer gelobt.

Das Verb: Aktiv und Passiv

Vom Regen überrascht

Gestern wurden einige Wanderer von einem Unwetter überrascht. Die Kleidung wurde vom Regen durchnässt. Die Wege wurden teilweise völlig vom Regen überschwemmt. Verzweifelt wurde ein Unterschlupf gesucht. Endlich wurde eine Hütte gefunden, in der die Wanderer das Ende des Unwetters abwarten konnten. Von Freunden, die nach ihnen gesucht hatten, wurden sie dann gefunden.

- Unterstreiche die Subjekte! Setze den Text in das Aktiv! Beachte: Im Aktiv ändert sich auch das Subjekt.

Ein Unwetter überraschte gestern einige Wanderer. Der Regen durchnässte die Kleidung. Der Regen überschwemmte teilweise die Wege völlig. Die Wanderer suchten verzweifelt einen Unterschlupf. Endlich fanden die Wanderer eine Hütte, in der sie das Ende des Unwetters abwarten konnten. Freunde, die nach ihnen gesucht hatten, fanden sie dann.

- Setze die folgenden Sätze in das Aktiv bzw. Passiv! Unterstreiche jeweils das Subjekt!

Aktiv (Tätigkeitsform)	Passiv (Leideform)
Das Mädchen pflückte die Blumen.	Die Blumen wurden von dem Mädchen gepflückt.
Susi schrieb nun den Brief.	Der Brief wurde nun von Susi geschrieben.
Der Gegenspieler setzte Florian schachmatt.	Florian wurde vom Gegenspieler schachmatt gesetzt.
Der Lehrer lobte die Schüler.	Die Schüler wurden vom Lehrer gelobt.

Das Verb: Imperativ

Urlaubsreisen – ärztliche Versorgung in Ägypten

Im Landesinneren entspricht die medizinische Versorgung oft nicht westeuropäischem Standard. Überall in Ägypten behandeln ausreichend ausgebildete Ärzte leichte Erkrankungen. Bei schweren Krankheitsfällen suchen Sie bitte ein großes Krankenhaus in Kairo auf. Bei Aufnahme in ein solches Hospital sind beträchtliche Vorauszahlungen zu leisten. Schließen Sie deshalb eine Reisekrankenversicherung ab, bevor Sie nach Ägypten reisen.

- In diesem Text sind zwei Aussageweisen des Verbs enthalten: Indikativ (Wirklichkeitsform) und Imperativ (Befehlsform). Unterstreiche die Sätze im Imperativ! Welches Satzzeichen wäre angebracht? Wo könntest du diesen Text finden?

Mit dem Imperativ werden verschiedene Sprechsituationen ausgedrückt:

Befehl: ____________________

Aufforderung: ____________________

Wunsch: ____________________

Bitte: ____________________

Warnung: ____________________

Drohung: ____________________

- Ergänze die Tabelle! Bilde sinnvolle Sätze!

Infinitiv	**2. Person Singular Imperativ**	**2. Person Plural Imperativ**	**Höflichkeitsform (S + P) Imperativ**
sprechen			
helfen			
geben			
lesen			
meiden			
nehmen			
rufen			
schreiben			
schwören			

Das Verb: Imperativ

Urlaubsreisen – ärztliche Versorgung in Ägypten

Im Landesinneren entspricht die medizinische Versorgung oft nicht westeuropäischem Standard. Überall in Ägypten behandeln ausreichend ausgebildete Ärzte leichte Erkrankungen. Bei schweren Krankheitsfällen suchen Sie bitte ein großes Krankenhaus in Kairo auf. Bei Aufnahme in ein solches Hospital sind beträchtliche Vorauszahlungen zu leisten. Schließen Sie deshalb eine Reisekrankenversicherung ab, bevor Sie nach Ägypten reisen.

- In diesem Text sind zwei Aussageweisen des Verbs enthalten: Indikativ (Wirklichkeitsform) und Imperativ (Befehlsform). Unterstreiche die Sätze im Imperativ! Welches Satzzeichen wäre angebracht? Wo könntest du diesen Text finden?

Mit dem Imperativ werden verschiedene Sprechsituationen ausgedrückt:

Befehl:	*Treten Sie vor!*
Aufforderung:	*Komm heraus!*
Wunsch:	*Kommen Sie gesund zurück!*
Bitte:	*Sei bitte leise!*
Warnung:	*Spring nicht in unbekannte Gewässer!*
Drohung:	*Komm ja nicht zu spät!*

- Ergänze die Tabelle! Bilde sinnvolle Sätze!

Infinitiv	**2. Person Singular Imperativ**	**2. Person Plural Imperativ**	**Höflichkeitsform (S + P) Imperativ**
sprechen	*Sprich!*	*Sprecht!*	*Sprechen Sie!*
helfen	*Hilf!*	*Helft!*	*Helfen Sie!*
geben	*Gib!*	*Gebt!*	*Geben Sie!*
lesen	*Lies!*	*Lest!*	*Lesen Sie!*
meiden	*Meide ... !*	*Meidet ... !*	*Meiden Sie ... !*
nehmen	*Nimm!*	*Nehmt!*	*Nehmen Sie!*
rufen	*Ruf!*	*Ruft!*	*Rufen Sie!*
schreiben	*Schreib!*	*Schreibt!*	*Schreiben Sie!*
schwören	*Schwöre!*	*Schwört!*	*Schwören Sie!*

Was ist ein Adverb?

Im Freibad

Heute ist es sehr heiß, folglich gehen wir zum Schwimmen. Melanie schlendert abwärts zur Liegewiese. Freudig wird sie von allen Mitschülern begrüßt. Überall sitzen die Menschen unter ihren Sonnenschirmen. Sabine hechtet kopfüber ins Wasser. Nachher wollen sie Eis essen gehen. Das schmeckt hier besonders gut.

Adverbien (Umstandswörter) beschreiben u. a., ______________________________ etwas geschieht oder getan wird. Adverbien sind Wörter, die man im Satz allein umstellen kann (Satzglied). Finde die Adverbien im Text oben und überprüfe mithilfe der Umstellprobe! Unterstreiche sie!

- Trage nun die Adverbien aus dem Text in die Tabelle ein!

Umstand des	Umstand der	Umstand der	Umstand des
Fragen:	Fragen:	Frage:	Fragen:

- Ordne die folgenden Adverbien in die Tabelle ein und bilde Sätze!

deshalb * **jetzt** * **hier** * **dort** * **deswegen** * **gern** * **darum** * **geradeaus** * **draußen** * **gestern** * **nebenbei** * **oft** * **von unten** * **trotzdem** * **selten** * **umsonst** * **mehrmals** * **dennoch** * **morgen** * **dazu**

- Um welche Adverbien handelt es sich? (1 = Ort, 2 = Zeit, 3 = Art u. Weise, 4 = Grund)
① Du solltest noch mit dem Hund **nach draußen** ( ) gehen. ② Der Fahrer behauptete, **überhaupt** ( ) nichts gesehen zu haben. ③ **Freitags** ( ) gibt es bei uns Fisch zu essen. ④ Uns ist nach drei Tagen das Geld ausgegangen, **folglich** ( ) mussten wir umkehren. ⑤ **Notfalls** ( ) verschieben wird das Treffen auf 15 Uhr. ⑥ Das Museum wird **derzeit** ( ) umgebaut. ⑦ Die Kinder liefen **barfuß** ( ) im Garten herum. ⑧ **Da** ( ) liegt die Tasche.

Was ist ein Adverb?

Im Freibad

Heute ist es sehr heiß, folglich gehen wir zum Schwimmen. Melanie schlendert abwärts zur Liegewiese. Freudig wird sie von allen Mitschülern begrüßt. Überall sitzen die Menschen unter ihren Sonnenschirmen. Sabine hechtet kopfüber ins Wasser. Nachher wollen sie Eis essen gehen. Das schmeckt hier besonders gut.

Adverbien (Umstandswörter) beschreiben u. a., wo, wann, wie, warum etwas geschieht oder getan wird. Adverbien sind Wörter, die man im Satz allein umstellen kann (Satzglied). Finde die Adverbien im Text oben und überprüfe mithilfe der Umstellprobe! Unterstreiche sie!

- Trage nun die Adverbien aus dem Text in die Tabelle ein!

Umstand des **Ortes**	Umstand der **Zeit**	Umstand der **Art und Weise**	Umstand des **Grundes**
Fragen:	Fragen:	Frage:	Fragen:
Wo? Wohin?	Wann? Wie	Wie?	Warum? Wozu?
Woher?	lange? Wie oft?		Womit?
abwärts	heute	freudig	folglich
überall	nachher	besonders	deshalb
hier	jetzt	kopfüber	deswegen
dort	gestern	gern	darum
geradeaus	oft	nebenbei	trotzdem
draußen	mehrmals	selten	dennoch
von unten	morgen	umsonst	dazu

- Ordne die folgenden Adverbien in die Tabelle ein und bilde Sätze!

deshalb * **jetzt** * **hier** * **dort** * **deswegen** * **gern** * **darum** * **geradeaus** * **draußen** * **gestern** * **nebenbei** * **oft** * **von unten** * **trotzdem** * **selten** * **umsonst** * **mehrmals** * **dennoch** * **morgen** * **dazu**

- Um welche Adverbien handelt es sich? (1 = Ort, 2 = Zeit, 3 = Art u. Weise, 4 = Grund)

(1.) Du solltest noch mit dem Hund **nach draußen** (1) gehen. (2.) Der Fahrer behauptete, **überhaupt** (3) nichts gesehen zu haben. (3.) **Freitags** (2) gibt es bei uns Fisch zu essen. (4.) Uns ist nach drei Tagen das Geld ausgegangen, **folglich** (4) mussten wir umkehren. (5.) **Notfalls** (4) verschieben wird das Treffen auf 15 Uhr. (6.) Das Museum wird **derzeit** (2) umgebaut. (7.) Die Kinder liefen **barfuß** (3) im Garten herum. (8.) **Da** (1) liegt die Tasche.

Die Konjunktionen

Hier stimmt etwas nicht!

① Der Lehrer war nicht sicher, sondern Pia die Antwort wusste. ② Wir kamen an der Haltestelle an, weil der Bus gerade abgefahren war. ③ Ich recke und strecke mich immer, obwohl ich morgens aufstehe. ④ Unser Hund macht manchmal ein Mordsgebell, nachdem er eigentlich feige ist. ⑤ Matthias erledigt zuerst seine Hausaufgabe, oder spielt er Tennis. ⑥ Am Sonntag war es zwar ziemlich frisch, denn wir gingen trotzdem baden.

Streiche die falschen Wörter! Wie muss es richtig heißen?

① ____________ ② ____________

③ ____________ ④ ____________

⑤ ____________ ⑥ ____________

Diese Wörter heißen Konjunktionen (____________). Sie verbinden ____________ oder ____________ miteinander.

Wähle aus den folgenden Konjuktionen 10 aus und bilde damit sinnvolle Sätze!

und, auch, außerdem, weder – noch, sonst, aber, dennoch, nur, trotzdem, während, solange, nun, wie, wenn, umso, indem, als ob, deshalb, darum, folglich, nachdem, bevor

Die Konjunktionen

Hier stimmt etwas nicht!

① Der Lehrer war nicht sicher, **ob** Pia die Antwort wusste. ② Wir kamen an der Haltestelle an, **als** der Bus gerade abgefahren war. ③ Ich recke und strecke mich immer, **wenn** ich morgens aufstehe. ④ Unser Hund macht manchmal ein Mordsgebell, **obwohl** er eigentlich feige ist. ⑤ Matthias erledigt zuerst seine Hausaufgabe, **dann** spielt er Tennis. ⑥ Am Sonntag war es zwar ziemlich frisch, **aber** wir gingen trotzdem baden.

- Streiche die falschen Wörter! Wie muss es richtig heißen?

① ob ② als

③ wenn ④ obwohl

⑤ dann ⑥ aber

Diese Wörter heißen Konjunktionen (Bindewörter). Sie verbinden Sätze oder Satzteile miteinander.

- Wähle aus den folgenden Konjuktionen 10 aus und bilde damit sinnvolle Sätze!

und, auch, außerdem, weder – noch, sonst, aber, dennoch, nur, trotzdem, während, solange, nun, wie, wenn, umso, indem, als ob, deshalb, darum, folglich, nachdem, bevor

Die Artikel

Warum knirscht der Schnee?

Schnee, der nur unwesentlich kälter ist als null Grad, schmilzt durch den Druck beim Auftreten – fast geräuschlos. Tritt man dagegen auf eine sehr viel kältere Schneedecke, werden die Schneekristalle nicht geschmolzen. Vielmehr zermahlt der Druck die Kristalle und schiebt die trockenen Teilchen übereinander. Daher das Knirschen.

Unterstreiche die im Text enthaltenen Artikel!

1. Die Artikel brauchen wir für ______________________________.

   Wir unterscheiden zwischen

____________	____________
____________	____________

2. Manchmal ändert sich die Bedeutung von Substantiven, wenn sie einen anderen Artikel erhalten. Erkläre!

   _____ Gehalt – _____ Gehalt, _____ Tau – _____ Tau, _____ Tor – _____ Tor,

   _____ Band - _____ Band, _____ Leiter – _____ Leiter;

3 Welche Artikel gehören zu folgenden Substantiven?

   _________ Dotter, _______ Comic, _________ See, _______ Butter;

4. Bei Substantiven richtet sich das grammatikalische Geschlecht einer Zusammensetzung immer nach dem Grundwort, z. B.: das Haus + die Tür = die Haustür.

   die Stadt + der Plan = ____________________

   die Finanzen + das Amt = ____________________

   der Mond + die Landung = ____________________

   die Tasche + das Buch = ____________________

5. Entscheide: bestimmter oder unbestimmter Artikel?

   ① ____ Lehrer teilte die Probearbeiten aus. ② Am Waldesrand war ____ Reh zu sehen. ③ Unser Nachbar schimpfte; ____ Auto sprang nicht an. ④ ____ Reise nach Rom wäre ein passendes Geschenk zum Geburtstag. ⑤ ____ Gemälde kostet mindestens 40 000 €. ⑥ Im Garten steht ____ Apfelbaum. ⑦ ____ Bücherregal wurde gestern geliefert. ⑧ ____ Schwalbe macht noch keinen Sommer.

Die Artikel

Warum knirscht der Schnee?

Schnee, der nur unwesentlich kälter ist als null Grad, schmilzt durch den Druck beim Auftreten – fast geräuschlos. Tritt man dagegen auf eine sehr viel kältere Schneedecke, werden die Schneekristalle nicht geschmolzen. Vielmehr zermahlt der Druck die Kristalle und schiebt die trockenen Teilchen übereinander. Daher das Knirschen.

Unterstreiche die im Text enthaltenen Artikel!

1. Die Artikel brauchen wir für *die Bestimmung der Substantive*.

   Wir unterscheiden zwischen

bestimmten Artikeln	*unbestimmten Artikeln*
der, die, das, die (Plural)	*eine, ein, einer*

2. Manchmal ändert sich die Bedeutung von Substantiven, wenn sie einen anderen Artikel erhalten. Erkläre!

   der Gehalt – *das* Gehalt, *der* Tau – *das* Tau, *das* Tor – *der* Tor,

   der Band - *das* Band, *die* Leiter – *der* Leiter;

3 Welche Artikel gehören zu folgenden Substantiven?

   der/das Dotter, *der* Comic, *der/die* See, *die* Butter;

4. Bei Substantiven richtet sich das grammatikalische Geschlecht einer Zusammensetzung immer nach dem Grundwort, z. B.: das Haus + die Tür = die Haustür.

   die Stadt + der Plan = *der Stadtplan;*

   die Finanzen + das Amt = *das Finanzamt;*

   der Mond + die Landung = *die Mondlandung;*

   die Tasche + das Buch = *das Taschenbuch;*

5. Entscheide: bestimmter oder unbestimmter Artikel?

   ① *Der* Lehrer teilte die Probearbeiten aus. ② Am Waldesrand war *ein* Reh zu sehen. ③ Unser Nachbar schimpfte; *das* Auto sprang nicht an. ④ *Eine* Reise nach Rom wäre ein passendes Geschenk zum Geburtstag. ⑤ *Das* Gemälde kostet mindestens 40 000 €. ⑥ Im Garten steht *ein* Apfelbaum. ⑦ *Das* Bücherregal wurde gestern geliefert. ⑧ *Eine* Schwalbe macht noch keinen Sommer.

Die Adjektive

Vorbereitung auf Schulaufgaben

Langfristige Maßnahmen:
- Mache regelmäßig deine Hausaufgaben und verbessere sie sorgfältig! Nur so kannst du deinen Fehlern auf die Spur kommen.
- Versuche dir eine ordentliche und übersichtliche Heftführung anzugewöhnen!
- Übe das schnelle Arbeiten unter Zeitdruck!
- Versuche große Angst vor Prüfungen abzulegen!

Unterstreiche die Adjektive im Text oben! Lies den Text ohne die Adjektive! Was würde sich ändern?

Mit Adjektiven kann man ______

______.

Finde passende Adjektive und bilde Sätze!

Z. B.: Ich lese ein … Buch (spannendes, dickes, altes, teures, informatives, bekanntes, hervorragendes …).

1. Die Frau trägt ein … Kleid (______).
2. Der … Junge war bei seinen Freunden sehr beliebt (______).
3. Wir sind mit dem … Wetter nicht zufrieden (______).
4. Sie fotografierte die … Landschaft (______).
5. Unser Nachbar ist ein … Zeitgenosse (______).
6. Der Sportler machte einen … Eindruck (______).

Durch Adjektive wird ein Text ______ und ______. Alles lässt sich ______ beschreiben.

Die Adjektive

Vorbereitung auf Schulaufgaben

Langfristige Maßnahmen:
- Mache regelmäßig deine Hausaufgaben und verbessere sie sorgfältig! Nur so kannst du deinen Fehlern auf die Spur kommen.
- Versuche dir eine ordentliche und übersichtliche Heftführung anzugewöhnen!
- Übe das schnelle Arbeiten unter Zeitdruck!
- Versuche große Angst vor Prüfungen abzulegen!

▶ Unterstreiche die Adjektive im Text oben! Lies den Text ohne die Adjektive! Was würde sich ändern?

Mit Adjektiven kann man *Gegenstände, Begriffe und Stimmungen genauer beschreiben*.

▶ Finde passende Adjektive und bilde Sätze!
Z. B.: Ich lese ein … Buch (spannendes, dickes, altes, teures, informatives, bekanntes, hervorragendes …).

1. Die Frau trägt ein … Kleid (*langes, kurzes, enges, blaues, gemustertes, weites, hübsches, teures, unpassendes, elegantes, altmodisches, modernes, buntes*).
2. Der … Junge war bei seinen Freunden sehr beliebt (*freundliche, kameradschaftliche, selbstsichere, lustige, sportliche, ruhige, mutige*).
3. Wir sind mit dem … Wetter nicht zufrieden (*schlechten, kühlen, feuchten, nasskalten, regnerischen, nebligen, unbeständigen, widerlichen, ekelhaften, trüben*).
4. Sie fotografierte die … Landschaft (*herrliche, verschneite, herbstliche, weite, toskanische, raue, idyllische, zerklüftete*).
5. Unser Nachbar ist ein … Zeitgenosse (*liebenswerter, zurückhaltender, boshafter, eigensinniger, bequemer, launischer, mürrischer, eingebildeter, hochnäsiger*).
6. Der Sportler machte einen … Eindruck (*niedergeschlagenen, entschlossenen, optimistischen, zuversichtlichen, enttäuschten, unsicheren*).

Durch Adjektive wird ein Text *lebendig* und *anschaulicher*. Alles lässt sich *genauer* beschreiben.

Adjektive kann man steigern

Bundesjugendspiele * 50-Meter-Lauf * Klasse 5 a:

Bernd: 8,3 * Florian: 7,9 * Peter: 8,0 * Stefan: 7,7 (sec)

Was kannst du über das Ergebnis sagen?

Peter lief … als Bernd.

Stefan lief …

Bernd lief …

Florian lief … als Peter und Bernd.

1. Mit Adjektiven können wir Dinge oder Lebewesen ____________.

   Die Adjektive stehen in der Grundstufe (Positiv), in der Vergleichsstufe (Komparativ) oder in der Höchststufe (Superlativ). Ergänze die Tabelle!

Positiv	Komparativ	Superlativ
alt		
	schlanker	
		am spannendsten
	besser	
	trockener	
		am krassesten

2. Eigenschaften, die etwas **Endgültiges** aussagen, können **nicht gesteigert** werden! Streiche aus den folgenden Adjektiven diejenigen heraus, die nicht gesteigert werden können!

   breit * grün * stark * hilfsbereit * tot * dick * hell * rund * still * schwach * hauchdünn * wahr * kahl * billig * schriftlich * weich * würzig * taktlos * dicht * ewig * mild * allein

3. Verwende die Vergleichsstufen („lang“ und „kalt“)!

   a) Ein 800-Meter-Lauf ist relativ ________. Der anstrengende 5000-Meter-Lauf ist ein ganzes Stück ________. ____________ ist jedoch der Marathonlauf.

   b) Heute ist es genauso ____________ wie gestern. Letzte Woche war es allerdings ____________ als heute. ____________ ist es im Winter.

Adjektive kann man steigern

Bundesjugendspiele * 50-Meter-Lauf * Klasse 5 a:

Bernd: 8,3 * Florian: 7,9 * Peter: 8,0 * Stefan: 7,7 (sec)

Was kannst du über das Ergebnis sagen?

Peter lief schneller als Bernd.

Stefan lief am schnellsten.

Bernd lief am langsamsten.

Florian lief schneller als Peter und Bernd.

1. Mit Adjektiven können wir Dinge oder Lebewesen vergleichen.

Die Adjektive stehen in der Grundstufe (Positiv), in der Vergleichsstufe (Komparativ) oder in der Höchststufe (Superlativ).

Positiv	**Komparativ**	**Superlativ**
alt	älter	am ältesten
schlank	schlanker	am schlankesten
spannend	spannender	am spannendsten
gut	besser	am besten
trocken	trockener	am trockensten
krass	krasser	am krassesten

2. Eigenschaften, die etwas **Endgültiges** aussagen, können **nicht gesteigert** werden! Streiche aus den folgenden Adjektiven diejenigen heraus, die nicht gesteigert werden können!

breit * ~~grün~~ * stark * hilfsbereit * ~~tot~~ * dick * hell * ~~rund~~ * still * schwach * ~~hauchdünn~~ * ~~wahr~~ * kahl * billig * ~~schriftlich~~ * weich * würzig * taktlos * dicht * ~~ewig~~ * mild * ~~allein~~

3. Verwende die Vergleichsstufen („lang" und „kalt")!

a) Ein 800-Meter-Lauf ist relativ lang. Der anstrengende 5000-Meter-Lauf ist ein ganzes Stück länger. Am längsten ist jedoch der Marathonlauf.

b) Heute ist es genauso kalt wie gestern. Letzte Woche war es allerdings kälter als heute. Am kältesten ist es im Winter.

Die Pronomen

Ein kleiner Unfall

Stefan ist in einen rostigen Nagel getreten. Die Wunde tut Stefan sehr weh. Die Wunde blutet. Sein Freund Johannes verbindet die Wunde zunächst mit einem Schal. Johannes wickelt den Schal fest um Stefans Ferse. Stefan humpelt nach Hause. Dort angekommen, behandelt Johannes Stefans Wunde. Die Wunde wird desinfiziert.

- Der Text wirkt eintönig. Wie kannst du ihn verbessern?

____

____

____

____

____

____

____

- Die ständige Wiederholung von Substantiven wirkt umständlich. Korrigiere den Text, indem du einige durch Personalpronomen ersetzt!

Steffi liest einen Roman. Der Roman ist so spannend, dass Steffi den Roman nicht weglegen kann. Steffi muss den Roman unbedingt zu Ende lesen. Steffi hat darum erst gegen zwei Uhr morgens den Roman zugeklappt. Einschlafen konnte Steffi aber erst gegen vier Uhr, denn so lange ging Steffi der Roman noch durch den Kopf.

____

____

____

____

____

____

____

- Die Pronomen der zweiten Person (du, ihr …) verwendet man nur bei Personen, mit denen man vertraut ist. Unterstreiche die passenden Pronomen!

① Karolin sagt zu ihrer Freundin Tina: „Ich wollte (dich/Sie) gerade anrufen." ② Peter trifft Frau Urban und fragt: „Darf ich (dir/Ihnen) beim Tragen helfen?" ③ Maria ruft Karla zu: „Bitte etwas lauter, ich kann (dich/Sie) gar nicht verstehen!" ④ Tom sagt zu Herrn Kühne: „Mein Vater kommt morgen zu (dir/Ihnen)."

Die Pronomen

Ein kleiner Unfall

Stefan ist in einen rostigen Nagel getreten. Die Wunde tut Stefan sehr weh. Die Wunde blutet. Sein Freund Johannes verbindet die Wunde zunächst mit einem Schal. Johannes wickelt den Schal fest um Stefans Ferse. Stefan humpelt nach Hause. Dort angekommen, behandelt Johannes Stefans Wunde. Die Wunde wird desinfiziert.

- Der Text wirkt eintönig. Wie kannst du ihn verbessern?

Stefan ist in einen rostigen Nagel getreten. Die Wunde tut ihm sehr weh.
Sie blutet. Sein Freund Johannes verbindet die Wunde zunächst mit einem Schal.
Er bindet ihn fest um seine Ferse. Stefan humpelt nach Hause.
Dort angekommen, behandelt Johannes seine Wunde. Sie wird desinfiziert.

- Die ständige Wiederholung von Substantiven wirkt umständlich. Korrigiere den Text, indem du einige durch Personalpronomen ersetzt!

Steffi liest einen Roman. Der Roman ist so spannend, dass Steffi den Roman nicht weglegen kann. Steffi muss den Roman unbedingt zu Ende lesen. Steffi hat darum erst gegen zwei Uhr morgens den Roman zugeklappt. Einschlafen konnte Steffi aber erst gegen vier Uhr, denn so lange ging Steffi der Roman noch durch den Kopf.

Steffi liest einen Roman. Er ist so spannend, dass sie ihn nicht weglegen kann.
Sie muss den Roman unbedingt zu Ende lesen. Steffi hat ihn darum erst gegen
zwei Uhr morgens zugeklappt. Einschlafen konnte sie aber erst gegen vier Uhr,
denn so lange ging ihr der Roman noch durch den Kopf.

- Die Pronomen der zweiten Person (du, ihr …) verwendet man nur bei Personen, mit denen man vertraut ist. Unterstreiche die passenden Pronomen!

① Karolin sagt zu ihrer Freundin Tina: „Ich wollte *dich* gerade anrufen.“ ② Peter trifft Frau Urban und fragt: „Darf ich *Ihnen* beim Tragen helfen?“ ③ Maria ruft Karla zu: „Bitte etwas lauter, ich kann *dich* gar nicht verstehen!“ ④ Tom sagt zu Herrn Kühne: „Mein Vater kommt morgen zu *Ihnen.*“

Es gibt verschiedene Satzarten

Warum brauchen Reifen ein Profil_

Dies ist nötig, damit das Auto bei Regen nicht zum Wasserschi wird_ Bei trockener Fahrbahn ist die Reibung zwischen Reifen und Straße groß – die stabile Straßenlage des Autos ist garantiert_ Was aber passiert bei Regen_ Ein dünner Wasserfilm legt sich zwischen Reifen und Straße (Aquaplaning)_ Bei einem Reifen mit Profil drückt das Gewicht des Autos das Wasser in die Profillinien_ So ist der Kontakt zwischen Gummi und Straße hergestellt_
Unser Rat an alle Autofahrer: Achten Sie auf genügend Profil am Reifen Ihres Fahrzeugs_

- Lies die Sätze laut und deutlich vor! Ergänze die Satzzeichen! Was fällt dir auf?

  Wir unterscheiden zwischen ______ Satzarten:

- Ordne die Sätze aus dem Text der Tabelle zu!

Satzart	Satzzeichen	Satzmelodie/ grafische Darstellung

- Bilde Sätze aus den folgenden Wörtern!

  1. **liegen – wo – denn – CD** (→ Fragesatz)

     ____

     ____

  2. **doch – draußen – gehen – nach – Jürgen** (→ Aufforderungssatz)

     ____

     ____

  3. **Unterricht – 8.00 Uhr – beginnen** (→ Aussagesatz)

     ____

     ____

  4. **Überraschung – für – was – eine** (→ Ausrufesatz)

     ____

     ____

- Schreibe ein Gespräch zwischen Vater und Sohn zu folgender Satzmelodie!

Es gibt verschiedene Satzarten

Warum brauchen Reifen ein Profil?

Dies ist nötig, damit das Auto bei Regen nicht zum Wasserschi wird. Bei trockener Fahrbahn ist die Reibung zwischen Reifen und Straße groß – die stabile Straßenlage des Autos ist garantiert. Was aber passiert bei Regen? Ein dünner Wasserfilm legt sich zwischen Reifen und Straße (Aquaplaning). Bei einem Reifen mit Profil drückt das Gewicht des Autos das Wasser in die Profillinien. So ist der Kontakt zwischen Gummi und Straße hergestellt.
Unser Rat an alle Autofahrer: Achten Sie auf genügend Profil am Reifen Ihres Fahrzeugs!

- Lies die Sätze laut und deutlich vor! Ergänze die Satzzeichen! Was fällt dir auf?

  Wir unterscheiden zwischen *drei* Satzarten:

- Ordne die Sätze aus dem Text der Tabelle zu!

Satzart	**Satzzeichen**	**Satzmelodie/ grafische Darstellung**
Erzähl-/Aussagesatz	*. Punkt*	.
Fragesatz	*? Fragezeichen*	?
Ausrufe-/Aufforderungssatz	*! Ausrufezeichen*	!

- Bilde Sätze aus den folgenden Wörtern!

  1. **liegen – wo – denn – CD** (→ Fragesatz)

     Wo liegt denn die CD?

  2. **doch – draußen – gehen – nach – Jürgen** (→ Aufforderungssatz)

     Geh doch nach draußen, Jürgen!

  3. **Unterricht – 8.00 Uhr – beginnen** (→ Aussagesatz)

     Der Unterricht beginnt um 8.00 Uhr.

  4. **Überraschung – für – was – eine** (→ Ausrufesatz)

     Was für eine Überraschung!

- Schreibe ein Gespräch zwischen Vater und Sohn zu folgender Satzmelodie!

Wo kommst du denn her? – Ich war Tennis spielen. – Und wie war es? – Prima! – Spiel doch auch mit mir!

Wir bestimmen die Satzglieder

Pflanzen auf dem Schulgelände

In den Pausen halten sich viele Schüler auf dem Schulgelände auf. Aber auch Pflanzen und Tiere leben hier. Am Rand des Pausenhofs wachsen Bäume und Sträucher. Viele verschiedene Pflanzen sind hier zu sehen. Anhand bestimmter Merkmale kann man Pflanzen unterscheiden. Den Namen der Pflanzen kann man mithilfe eines Bestimmungsbuches herausfinden.

Satzglieder sind diejenigen ____________ oder ____________, die sich im Satz nur geschlossen ____________ lassen.

Mit der ____________ lassen sich die Satzglieder bestimmen.

- Finde im folgenden Satz die Satzglieder heraus und kennzeichne sie mit einem Kreis!

Die Vögel bauen in einer Hecke ihr Nest.

Bauen ______________________________

In einer Hecke ______________________________

Ihr Nest ______________________________

Dieser Satz besteht aus ________ Satzgliedern.

- Bestimme die Satzglieder mithilfe der Umstellprobe!

Der Schulhof bietet Lebensräume für verschiedene Pflanzen.

____

____

____

Die Rasenflächen sind ein Lebensraum für viele Gräser.

____

____

____

- Bestimme durch die Umstellprobe die Satzglieder des Ausgangstextes!

Wir bestimmen die Satzglieder

Pflanzen auf dem Schulgelände

In den Pausen halten sich viele Schüler auf dem Schulgelände auf. Aber auch Pflanzen und Tiere leben hier. Am Rand des Pausenhofs wachsen Bäume und Sträucher. Viele verschiedene Pflanzen sind hier zu sehen. Anhand bestimmter Merkmale kann man Pflanzen unterscheiden. Den Namen der Pflanzen kann man mithilfe eines Bestimmungsbuches herausfinden.

Satzglieder sind diejenigen *Wörter* oder *Wortgruppen*, die sich im Satz nur geschlossen *verschieben* lassen.

Mit der *Umstellprobe* lassen sich die Satzglieder bestimmen.

Finde im folgenden Satz die Satzglieder heraus und kennzeichne sie mit einem Kreis!

(Die Vögel) (bauen) (in einer Hecke) (ihr Nest.)

Bauen *die Vögel in einer Hecke ihr Nest?*

In einer Hecke *bauen die Vögel ihr Nest.*

Ihr Nest *bauen die Vögel in einer Hecke.*

Dieser Satz besteht aus *vier* Satzgliedern.

Bestimme die Satzglieder mithilfe der Umstellprobe!

(Der Schulhof) (bietet) (Lebensräume) (für verschiedene Pflanzen.)

Bietet der Schulhof Lebensräume für verschiedene Pflanzen?

Lebensräume für verschiedene Pflanzen bietet der Schulhof.

Für verschiedene Pflanzen bietet der Schulhof Lebensräume.

(Die Rasenflächen) (sind) (ein Lebensraum) (für viele Gräser.)

Sind die Rasenflächen ein Lebensraum für viele Gräser?

Ein Lebensraum für viele Gräser sind die Rasenflächen.

Für viele Gräser sind die Rasenflächen ein Lebensraum.

Bestimme durch die Umstellprobe die Satzglieder des Ausgangstextes!

Die wichtigsten Satzglieder: S – P – O

Sport und Freizeit

Florian wirft dem Jungen einen Ball zu.
Monika schenkt ihrer Freundin ein Surfbrett.
Der Trainer gönnt dem Sportler eine kurze Pause.
Der Abfahrtsläufer beantwortet die Frage des Reporters.
Überreicht der Tennisspieler dem Gegner einen Wimpel?
Die Kinder kaufen dem kleinen Jungen einen bunten Ball.
Den Jungen unseres Nachbarn hat der Urlaub gut gefallen.

- Benenne die wichtigsten Satzglieder des folgenden Beispielsatzes und trage sie in die Tabelle ein!

Das Kind malt seiner Freundin ein Bild.

Satzglied	Frage	Beispiel
1. Satzgegenstand (Subjekt)		
2. Satzaussage (Prädikat)		
3. Satzergänzung (Objekt)		
a) im 3. Fall (Dativ)		
b) im 4. Fall (Akkusativ)		

- Unterstreiche im Ausgangstext Subjekt, Prädikat und Objekt unterschiedlich!
- Bestimme in den folgenden Sätzen Subjekt und Prädikat und unterstreiche sie ebenfalls!

Tiergeschichten

(1) Die Katze fängt das Wollknäuel. (2) Die Schildkröte verspeist ein Salatblatt. (3) Der Dackel begrüßt bellend die Kinder. (4) Der Papagei ruft den Kindern Namen zu. (5) Der Pfau zeigt die ganze Pracht seines „Rades". (6) Ein Adler schwingt sich in die Lüfte. (7) Der Löwe schüttelt seine Mähne. (8) Der Hamster knabbert Körner. (9) Der Schäferhund hütet die Schafe. (10) Der Elefant verputzt fünf ganze Brote.

- Bestimme in den folgenden Sätzen alle Objekte genau (Dativ oder Akkusativ)! Was fällt dir auf?

(1) Opa kauft seinem Enkel einen Ball. (2) Maria schenkt ihrer Mutter einen Blumenstrauß. (3) Peter überlässt seinem Bruder das Fahrrad. (4) Karin schreibt ihrer Freundin einen Brief. (5) Rainer malt seiner Oma ein Bild. (6) Sabine leiht ihrer Nachbarin einen Kugelschreiber.

Die wichtigsten Satzglieder: S – P – O

Sport und Freizeit

Florian wirft dem Jungen einen Ball zu.
Monika schenkt ihrer Freundin ein Surfbrett.
Der Trainer gönnt dem Sportler eine kurze Pause.
Der Abfahrtsläufer beantwortet die Frage des Reporters.
Überreicht der Tennisspieler dem Gegner einen Wimpel?
Die Kinder kaufen dem kleinen Jungen einen bunten Ball.
Den Jungen unseres Nachbarn hat der Urlaub gut gefallen.

- Benenne die wichtigsten Satzglieder des folgenden Beispielsatzes und trage sie in die Tabelle ein!

Das Kind malt seiner Freundin ein Bild.

Satzglied	Frage	Beispiel
1. Satzgegenstand (Subjekt)	Wer oder was?	Das Kind
2. Satzaussage (Prädikat)	Was tut? (d. Kind)	malt
3. Satzergänzung (Objekt)		
a) im 3. Fall (Dativ)	Wem?	der Freundin
b) im 4. Fall (Akkusativ)	Wen oder was?	ein Bild

- Unterstreiche im Ausgangstext Subjekt, Prädikat und Objekt unterschiedlich!
- Bestimme in den folgenden Sätzen Subjekt und Prädikat und unterstreiche sie ebenfalls!

Tiergeschichten

① Die Katze fängt das Wollknäuel. ② Die Schildkröte verspeist ein Salatblatt. ③ Der Dackel begrüßt bellend die Kinder. ④ Der Papagei ruft den Kindern Namen zu. ⑤ Der Pfau zeigt die ganze Pracht seines „Rades". ⑥ Ein Adler schwingt sich in die Lüfte. ⑦ Der Löwe schüttelt seine Mähne. ⑧ Der Hamster knabbert Körner. ⑨ Der Schäferhund hütet die Schafe. ⑩ Der Elefant verputzt fünf ganze Brote.

- Bestimme in den folgenden Sätzen alle Objekte genau (Dativ oder Akkusativ)! Was fällt dir auf?

① Opa kauft seinem Enkel (3. F.) einen Ball (4. F.). ② Maria schenkt ihrer Mutter (3. F.) einen Blumenstrauß (4. F.). ③ Peter überlässt seinem Bruder (3. F.) das Fahrrad (4. F.). ④ Karin schreibt ihrer Freundin (3. F.) einen Brief (4. F.). ⑤ Rainer malt seiner Oma (3. F.) ein Bild (4. F.). ⑥ Sabine leiht ihrer Nachbarin (3. F.) einen Kugelschreiber (4. F.).

Die wichtigsten Satzglieder: Adverbiale Bestimmungen

Monika räumt ihr Zimmer auf

Monika muss in ihrem Zimmer Ordnung schaffen, sonst darf sie am Sonntag nicht nach Würzburg mitfahren. Eine Weile lang sitzt sie auf ihrem Bett und überlegt, aber dann geht sie an die Arbeit. Zuerst zerrt sie mit aller Kraft alle Kleider aus dem Schrank. Aus Vorsicht legt sie die Kleidungsstücke auf das Sofa, damit sie nicht schmutzig werden. Angesichts der knappen Zeit wird sie schnell vorgehen müssen, wenn sie rechtzeitig fertigen werden will.

Neben dem Subjekt, dem Prädikat und dem Objekt enthalten Sätze oft weitere Angaben, die einen Vorgang näher beschreiben. Wir nennen diese Angaben ______________________________:

- Welche adverbialen Bestimmungen sind im Ausgangstext enthalten? Unterstreiche sie, wie in der Tabelle vorgegeben!

Adverbiale Bestimmung	Frage	Beispiele
der Zeit		
des Ortes ______		
der Art und Weise		
des Grundes ----------		

- Welche adverbialen Bestimmungen sind in den folgenden Sätzen enthalten? Ergänze oben stehende Tabelle

(1) Seine Tante besitzt in München ein Geschäft. (2) Er stand schnell auf. (3) Wir wohnen seit fünf Jahren in Augsburg. (4) Ein Teil der Ernte ist durch Hagelschlag vernichtet worden. (5) Bring bitte das Paket in die Klasse! (6) Felix bekommt sein Taschengeld monatlich. (7) Er hat vor Wut geweint.
(8) Bernd riss den Brief hastig auf. (9) Mein Vater traf in Frankfurt einen alten Bekannten. (10) Anfang November fliegen wir nach London. (11) Der Salat kommt immer frisch auf den Tisch. (12) Sabine hat am 15. März Geburtstag. (13) Der Schnee fällt in dichten Flocken. (14) Bei klarem Wetter kann man von hier aus das Matterhorn sehen. (15) Peter springt 4,20 Meter weit.

Die wichtigsten Satzglieder: Adverbiale Bestimmungen

Monika räumt ihr Zimmer auf

Monika muss in ihrem Zimmer Ordnung schaffen, sonst darf sie am Sonntag nicht nach Würzburg mitfahren. Eine Weile lang sitzt sie auf ihrem Bett und überlegt, aber dann geht sie an die Arbeit. Zuerst zerrt sie mit aller Kraft alle Kleider aus dem Schrank. Aus Vorsicht legt sie die Kleidungsstücke auf das Sofa, damit sie nicht schmutzig werden. Angesichts der knappen Zeit wird sie schnell vorgehen müssen, wenn sie rechtzeitig fertigen werden will.

Neben dem Subjekt, dem Prädikat und dem Objekt enthalten Sätze oft weitere Angaben, die einen Vorgang näher beschreiben. Wir nennen diese Angaben *adverbiale Bestimmungen*:

▶ Welche adverbialen Bestimmungen sind im Ausgangstext enthalten? Unterstreiche sie, wie in der Tabelle vorgegeben!

Adverbiale Bestimmung	**Frage**	**Beispiele**
der Zeit	*Wann, seit wann?*	*am Sonntag, seit fünf Jahren monatlich, Anfang November*
des Ortes	*Wo, wohin, woher?*	*nach Würzburg, in Augsburg, auf den Tisch*
der Art und Weise	*Wie, womit, wodurch?*	*mit aller Kraft, schnell, durch Hagelschlag*
des Grundes	*Warum? Wozu?*	*aus Vorsicht, vor Wut*

▶ Welche adverbialen Bestimmungen sind in den folgenden Sätzen enthalten? Ergänze oben stehende Tabelle

① Seine Tante besitzt in München ein Geschäft. ② Er stand schnell auf. ③ Wir wohnen seit fünf Jahren in Augsburg. ④ Ein Teil der Ernte ist durch Hagelschlag vernichtet worden. ⑤ Bring bitte das Paket in die Klasse! ⑥ Felix bekommt sein Taschengeld monatlich. ⑦ Er hat vor Wut geweint.
⑧ Bernd riss den Brief hastig auf. ⑨ Mein Vater traf in Frankfurt einen alten Bekannten. ⑩ Anfang November fliegen wir nach London. ⑪ Der Salat kommt immer frisch auf den Tisch. ⑫ Sabine hat am 15. März Geburtstag. ⑬ Der Schnee fällt in dichten Flocken. ⑭ Bei klarem Wetter kann man von hier aus das Matterhorn sehen. ⑮ Peter springt 4,20 Meter weit.

Was ist eine Satzverbindung?

Der Nil als Lehrer der alten Ägypter

Der Nil war für die alten Ägypter lebensnotwendig, denn nur an seinen Ufern konnte sich das Leben entfalten. Jedes Jahr schwoll der Fluss an und dann verwandelte er das gesamte Niltal in einen einzigen See. Der Nil setzte große Teile des Landes unter Wasser, aber er brachte fruchtbaren Schlamm mit. Die Menschen mussten sich lebenslang mit dem Nil auseinander setzen, oder der Fluss zwang sie dazu.

- Versuche die Sätze jeweils in zwei Sätze aufzuteilen! Was fällt dir auf?

____

Wenn ein zusammengesetzter Satz aus mindestens zwei ____________ besteht, nennt man dies eine ____________________.

- Schreibe den Ausgangstext um, indem du die Satzverbindungen auflöst!

____

____

____

____

____

____

____

- Setze die passenden Bindewörter ein und bestimme die Art der Satzverbindung!

① Sie wird morgen eintreffen, ________ sie wird nur wenige Stunden bleiben können. ② In der ersten Zeit regnete es ________ dann schneite es tagelang. ③ Entweder zahlen Sie morgen, ________ ich kündige den Vertrag. ④ Ich fahre jetzt nach Hause, ________ es wird schon dunkel. ⑤ Die Mathe-Aufgabe war schwierig, ________ habe ich sie lösen können. ⑥ Er war krank, ________ konnte er nicht kommen.

Was ist eine Satzverbindung?

Der Nil als Lehrer der alten Ägypter

Der Nil war für die alten Ägypter lebensnotwendig, denn nur an seinen Ufern konnte sich das Leben entfalten. Jedes Jahr schwoll der Fluss an und dann verwandelte er das gesamte Niltal in einen einzigen See. Der Nil setzte große Teile des Landes unter Wasser, aber er brachte fruchtbaren Schlamm mit. Die Menschen mussten sich lebenslang mit dem Nil auseinander setzen, oder der Fluss zwang sie dazu.

- Versuche die Sätze jeweils in zwei Sätze aufzuteilen! Was fällt dir auf?

Jeder Satz kann in zwei Hauptsätze aufgeteilt werden.

Wenn ein zusammengesetzter Satz aus mindestens zwei *Hauptsätzen* besteht, nennt man dies eine *Satzverbindung*.

- Schreibe den Ausgangstext um, indem du die Satzverbindungen auflöst!

Der Nil war für die alten Ägypter lebensnotwendig. Nur an seinen Ufern konnte sich das Leben entfalten. Jedes Jahr schwoll der Fluss an. Dann verwandelte er das gesamte Niltal in einen einzigen See. Der Nil setzte große Teile des Landes unter Wasser. Er brachte aber fruchtbaren Schlamm mit. Die Menschen mussten sich lebenslang mit dem Nil auseinander setzen. Der Fluß zwang sie dazu.

- Setze die passenden Bindewörter ein und bestimme die Art der Satzverbindung!

① Sie wird morgen eintreffen, *aber* sie wird nur wenige Stunden bleiben können. ② In der ersten Zeit regnete es *und* dann schneite es tagelang. ③ Entweder zahlen Sie morgen, *oder* ich kündige den Vertrag. ④ Ich fahre jetzt nach Hause, *denn* es wird schon dunkel. ⑤ Die Mathe-Aufgabe war schwierig, *dennoch* habe ich sie lösen können. ⑥ Er war krank, *folglich* konnte er nicht kommen.

Der Relativsatz – ein Nebensatz

Kennst du diese Länder Europas?

Dieses Land umfasst England, Wales, Schottland und Nordirland, die gemeinsam diesen Staat bilden.
Wir alle kennen die berühmten Windmühlen und den Käse, den es auch bei uns zu kaufen gibt.
Bei diesem Land denken wir an den Stierkampf, der dort zu Hause ist.
Jetzt suchen wir ein Land, dessen Pizzas und Nudelgerichte auch bei uns die Menschen begeistern.
Von diesem Land aus starteten vor etwa 500 Jahren die großen Eroberer, welche Entdeckungsreisen nach Asien, Afrika und Südamerika unternahmen.
Die Touristen strömen zum Eiffelturm, dem Wahrzeichen der Hauptstadt.

Suche die Relativsätze mit ihrem Bezugswort heraus und unterstreiche!

1. Relativsätze sind Nebensätze, die durch ein Komma vom Hauptsatz abgetrennt sind.
2. Relativsätze bestimmen das Substantiv des Hauptsatzes näher.
3. Relativsätze werden durch ______________________ eingeleitet.
4. Relativpronomen sind: ______________________

______________________ .

Bilde Relativsätze!

Ein Mädchen * unter dem Namen Pippi Langstrumpf bekannt * kommt aus Schweden

____

____

776 v. Chr. fanden in Griechenland die ersten Olympischen Spiele statt * sie wurden zu Ehren von Zeus abgehalten

____

____

Finnland ist ein weites Land * der größte Teil ist mit Wäldern und Seen bedeckt

____

____

Gründer der Stadt Rom war Romulus * sie verdankt ihm ihren Namen

____

____

Der Relativsatz – ein Nebensatz

Kennst du diese Länder Europas?

Dieses Land umfasst England, Wales, Schottland und Nordirland, die gemeinsam diesen Staat bilden. (Großbritannien)
Wir alle kennen die berühmten Windmühlen und den Käse, den es auch bei uns zu kaufen gibt. (Niederlande)
Bei diesem Land denken wir an den Stierkampf, der dort zu Hause ist. (Spanien)
Jetzt suchen wir ein Land, dessen Pizzas und Nudelgerichte auch bei uns die Menschen begeistern. (Italien)
Von diesem Land aus starteten vor etwa 500 Jahren die großen Eroberer, welche Entdeckungsreisen nach Asien, Afrika und Südamerika unternahmen. (Portugal)
Die Touristen strömen zum Eiffelturm, dem Wahrzeichen der Hauptstadt. (Frankreich)

Suche die Relativsätze mit ihrem Bezugswort heraus und unterstreiche!

1. Relativsätze sind Nebensätze, die durch ein Komma vom Hauptsatz abgetrennt sind.
2. Relativsätze bestimmen den Hauptsatz näher.
3. Relativsätze werden durch Relativpronomen eingeleitet.
4. Relativpronomen sind: der, die, das, welcher, welche, welches, dessen, wer, was, dem, den.

Bilde Relativsätze!

Ein Mädchen * unter dem Namen Pippi Langstrumpf bekannt * kommt aus Schweden

Ein Mädchen, das unter dem Namen Pippi Langstrumpf bekannt ist, kommt aus Schweden.

776 v. Chr. fanden in Griechenland die ersten Olympischen Spiele statt * sie wurden zu Ehren von Zeus abgehalten

776 v. Chr. fanden in Griechenland die ersten Olympischen Spiele statt, die zu Ehren von Zeus abgehalten wurden.

Finnland ist ein weites Land * der größte Teil ist mit Wäldern und Seen bedeckt

Finnland ist ein weites Land, dessen größter Teil mit Wäldern und Seen bedeckt ist.

Gründer der Stadt Rom war Romulus * sie verdankt ihm ihren Namen

Gründer der Stadt Rom war Romulus, dem sie ihren Namen verdankt.

Was ist ein Satzgefüge?

Griechische Künstler im Altertum

Zu Ehren der Götter erbauten die Griechen herrliche Tempel, die im Hinblick auf die Gebäudeform einfach und klar waren. Nicht nur das Götterbild im Inneren des Tempels musste gestaltet werden, sondern auch das Giebelfeld mit Szenen aus dem Leben der Stadt. Die Statuen, die aus Holz oder Stein hergestellt wurden, waren meist bunt angemalt.

▶ Versuche die zusammengesetzten Sätze in zwei Sätze aufzuteilen! Was fällt dir auf?

____

Wenn ein zusammengesetzter Satz aus einem ____________________ und einem ____________________ besteht, nennt man dies ein ____________________.

Der Nebensatz kann sein:

Vordersatz	Einschubsatz	Nachsatz
Wenn du kurz wartest, komme ich noch mit.	Über den Brief, **den du mir geschrieben hast,** habe ich mich sehr gefreut.	Susi radelte zum Bäcker, **um ein Brot einzukaufen.**

▶ Forme die folgenden Sätze jeweils in ein Satzgefüge um und verwende folgende Konjunktionen: **obwohl** * **bevor** * **als** * **nachdem**!

1. **Vor der Besichtigung des Museums** gab uns der Leiter einen Überblick über die einzelnen Bereiche.
2. **Beim Betreten der Abteilung mit griechischer Kunst** waren wir vom Anblick der riesigen Fresken überwältigt.
3. **Trotz der langen Besichtigungsdauer** bereitete uns der Besuch großen Spaß.
4. **Nach dem Besuch des Museums** wanderten wir zurück zum Bus.

____

____

____

____

____

____

Was ist ein Satzgefüge?

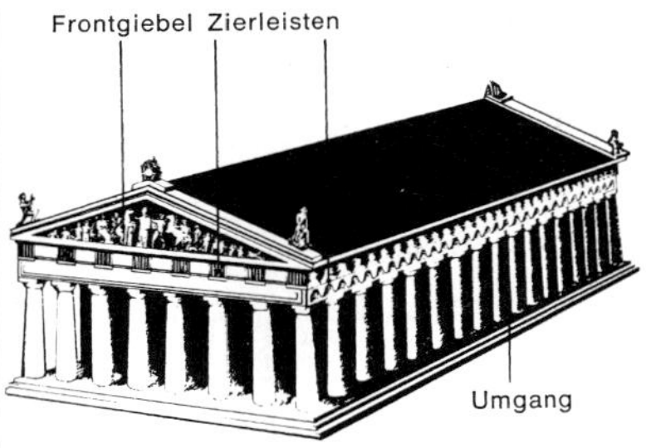

Griechische Künstler im Altertum

Zu Ehren der Götter erbauten die Griechen herrliche Tempel, die im Hinblick auf die Gebäudeform einfach und klar waren. Nicht nur das Götterbild im Inneren des Tempels musste gestaltet werden, sondern auch das Giebelfeld mit Szenen aus dem Leben der Stadt. Die Statuen, die aus Holz oder Stein hergestellt wurden, waren meist bunt angemalt.

- Versuche die zusammengesetzten Sätze in zwei Sätze aufzuteilen! Was fällt dir auf?
  Das ist nicht möglich, man kann nur einen Hauptsatz bilden.

Wenn ein zusammengesetzter Satz aus einem *Hauptsatz* und einem *Nebensatz* besteht, nennt man dies ein *Satzgefüge*.

Der Nebensatz kann sein:

Vordersatz	Einschubsatz	Nachsatz
Wenn du kurz wartest, komme ich noch mit.	Über den Brief, **den du mir geschrieben hast,** habe ich mich sehr gefreut.	Susi radelte zum Bäcker, **um ein Brot einzukaufen.**

- Forme die folgenden Sätze jeweils in ein Satzgefüge um und verwende folgende Konjunktionen: **obwohl** * **bevor** * **als** * **nachdem**!

1. **Vor der Besichtigung des Museums** gab uns der Leiter einen Überblick über die einzelnen Bereiche.
2. **Beim Betreten der Abteilung mit griechischer Kunst** waren wir vom Anblick der riesigen Fresken überwältigt.
3. **Trotz der langen Besichtigungsdauer** bereitete uns der Besuch großen Spaß.
4. **Nach dem Besuch des Museums** wanderten wir zurück zum Bus.

1. *Bevor wir das Museum besichtigten, gab uns der Leiter einen Überblick über die einzelnen Bereiche.*
2. *Als wir die Abteilung mit griechischer Kunst betraten, waren wir vom Anblick der riesigen Fresken überwältigt.*
3. *Obwohl die Besichtigung lang dauerte, bereitete uns der Besuch großen Spaß.*
4. *Nachdem wir das Museum besucht hatten, wanderten wir zurück zum Bus.*

Das Attribut

Frühlingstag

Es ist ein prächtiger Tag. Sonne vom frühen Morgen an, manchmal ein kleiner Regen dazwischen, ein lautes Geriesel aus dickbauchigen Wolken. Aprilwetter ist das, die Obstbäume stehen prall und steif im Übermaß der Blüten und wenn der Wind ihre Kronen schüttelt, schwirrt eine Wolke von fleißigen Bienen heraus.

Hier sind einige Wörter enthalten, die die Substantive näher bezeichnen. Unterstreiche!

Diese Wörter sind keine selbstständigen Satzglieder. Man nennt sie ______ (Beifügungen). Sie bestimmen das Substantiv, das Adjektiv oder das Adverb ______ und machen die Sprache ______.

1. Das Attribut bestimmt das Substantiv näher. Unterstreiche! Bleibt die Grundaussage des Satzes auch ohne Attribut sinnvoll? ______.

   ① Das Eichhörnchen kletterte auf den hohen Baum. ② Das kalte Wasser schreckt ab. ③ Er hat sich spannende Bücher gekauft. ④ Sie hat mir einen lieben Brief geschrieben.

2. Das Attribut bestimmt das Adjektiv genauer! Unterstreiche!

   ① Das Wasser ist furchtbar kalt. ② Die Fahrbahn ist äußerst glatt. ③ Helga sieht sehr gut aus.

3. Das Attribut bestimmt das Umstandswort (Adverb) näher. Unterstreiche!

   ① Klaus sitzt ganz vorn. ② Sie besucht sehr oft die Bibliothek. ③ Schon gestern habe ich ihn angerufen. ④ Es ging ihm nur darum, Recht zu bekommen.

Den folgenden Text kannst du durch den Einsatz von Attributen anschaulicher gestalten!

... Gestern beobachtete ich im Wald eine dicke Ringelnatter. Sie schlängelte sich nah an meinem Schuh vorbei. Ihr Körper war gut erkennbar: der Rücken mit den Schuppen und der Bauch. Wenn man sie anfasst, spürt man Muskeln und Haut.

______

______

______

______

Das Attribut

Frühlingstag

Es ist ein prächtiger Tag. Sonne vom frühen Morgen an, manchmal ein kleiner Regen dazwischen, ein lautes Geriesel aus dickbauchigen Wolken. Aprilwetter ist das, die Obstbäume stehen prall und steif im Übermaß der Blüten und wenn der Wind ihre Kronen schüttelt, schwirrt eine Wolke von fleißigen Bienen heraus.

Hier sind einige Wörter enthalten, die die Substantive näher bezeichnen. Unterstreiche!

Diese Wörter sind keine selbstständigen Satzglieder. Man nennt sie *Attribute* (Beifügungen). Sie bestimmen das Substantiv, das Adjektiv oder das Adverb *genauer* und machen die Sprache *abwechslungsreicher*.

1. Das Attribut bestimmt das Substantiv näher. Unterstreiche! Bleibt die Grundaussage des Satzes auch ohne Attribut sinnvoll? *Ja*.

   ① Das Eichhörnchen kletterte auf den hohen Baum. ② Das kalte Wasser schreckt ab. ③ Er hat sich spannende Bücher gekauft. ④ Sie hat mir einen lieben Brief geschrieben.

2. Das Attribut bestimmt das Adjektiv genauer! Unterstreiche!

   ① Das Wasser ist furchtbar kalt. ② Die Fahrbahn ist äußerst glatt. ③ Helga sieht sehr gut aus.

3. Das Attribut bestimmt das Umstandswort (Adverb) näher. Unterstreiche!

   ① Klaus sitzt ganz vorn. ② Sie besucht sehr oft die Bibliothek. ③ Schon gestern habe ich ihn angerufen. ④ Es ging ihm nur darum, Recht zu bekommen.

Den folgenden Text kannst du durch den Einsatz von Attributen anschaulicher gestalten!

… Gestern beobachtete ich im Wald eine dicke Ringelnatter. Sie schlängelte sich nah an meinem Schuh vorbei. Ihr Körper war gut erkennbar: der Rücken mit den Schuppen und der Bauch. Wenn man sie anfasst, spürt man Muskeln und Haut.

Gestern beobachtete ich im nahen Wald eine besonders dicke Ringelnatter. Sie schlängelte sich ganz nah an meinem Schuh vorbei. Ihr schlanker Körper war recht gut erkennbar: der grünlichgraue Rücken mit den dunklen Schuppen und der helle Bauch. Wenn man sie anfasst, spürt man kräftige Muskeln und feste Haut.

Die wörtliche Rede

Florian und Tobias unterhalten sich. Wer hat Recht?

Florian behauptet: „Papier kann man nur aus Holz herstellen.“ „Das stimmt nicht“, entgegnete Tobias. „Ich weiß, dass weltweit mehr als 2000 Faserpflanzen für die Papierherstellung genutzt werden.“ „Papier ist in Indien erfunden worden“, behauptet nun Florian. Tobias aber widerspricht: „Ich habe gelesen, dass Papier erstmals in China hergestellt wurde.“ Florian meint: „Papier wurde vor 1000 Jahren zum ersten Mal hergestellt.“ Tobias antwortet: „Nein, seit damals sind bereits 2000 Jahre vergangen.“

Trage die fehlenden Satzzeichen ein! Wer hat Recht? Florian oder Tobias?

Wörtliche Rede: Was wörtlich gesprochen wird, steht zwischen ______ ______. Der Begleitsatz kann ______, ______ oder ______ der wörtlichen Rede stehen.

1. ______: „______“
2. „______“, ______.
3. „______“, ______, „______“

Denke dir zu jedem Schema einen Beispielsatz aus. Nimm dafür folgende Märchen zu Hilfe!
Schneewittchen, Dornröschen, Hänsel und Gretel, Die sieben Geißlein, Frau Holle u. a.

______
______
______
______
______
______
______
______
______

Die wörtliche Rede

Florian und Tobias unterhalten sich. Wer hat Recht?

Florian behauptet: „Papier kann man nur aus Holz herstellen.“ „Das stimmt nicht“, entgegnete Tobias. „Ich weiß, dass weltweit mehr als 2000 Faserpflanzen für die Papierherstellung genutzt werden.“ „Papier ist in Indien erfunden worden“, behauptet nun Florian. Tobias aber widerspricht: „Ich habe gelesen, dass Papier erstmals in China hergestellt wurde.“ Florian meint: „Papier wurde vor 1000 Jahren zum ersten Mal hergestellt.“ Tobias antwortet: „Nein, seit damals sind bereits 2000 Jahre vergangen.“

- Trage die fehlenden Satzzeichen ein! Wer hat Recht? Florian oder <u>Tobias?</u>

> Wörtliche Rede: Was wörtlich gesprochen wird, steht zwischen Anführungs- zeichen . Der Begleitsatz kann vor , zwischen oder hinter der wörtlichen Rede stehen.

1. ______________ : „ ______________ “
2. „ ______________ “, ______________ .
3. „ ______________ “, ______________ , „ ______________ “

- Denke dir zu jedem Schema einen Beispielsatz aus. Nimm dafür folgende Märchen zu Hilfe!
Schneewittchen, Dornröschen, Hänsel und Gretel, Die sieben Geißlein, Frau Holle u. a.

Die böse Königin sprach: „Spieglein, Spieglein an der Wand, wer ist die schönste im ganzen Land? (1.) „Frau Königin“, antwortete der Spiegel, „Ihr seid die schönste hier ...“ (3.) Die 13. Fee aber rief: „Die Königstochter soll sich an ihrem 15. Geburtstag an einer Spindel stechen ...“ (1.) „Zieh uns raus, zieh uns raus, sonst verbrennen wir!“, hörte Marie eine Stimme hinter sich. (2.) „Ich muss hinaus in den Wald“, sprach die alte Geiß zu ihren Kindern, „nehmt euch aber in Acht vor dem Wolf!“

Wortfeld „sagen“

sprechen erzählen berichten mitteilen behaupten rufen schreien befehlen gebieten lachen singen flüstern seufzen stottern stammeln lallen brummen knurren schimpfen schelten lügen leugnen vorgeben fragen forschen bitten betteln beten flehen antworten erwidern entgegnen versetzen fortfahren einfallen einwerfen einwenden meinen erwähnen reden schwatzen schwätzen klönen plaudern auffordern jammern klagen mitteilen

Aus sinnverwandten Wörtern werden *Wortfelder* gebildet.
Ein Wortfeld erweitert die *sprachlichen Möglichkeiten*.

Ergänze die Sätze! Finde passende Möglichkeiten! Verwende die erste Vergangenheit!

Der General ______________: „Kompanie wegtreten!“

Bianca ______________: „Mir tun furchtbar die Füße weh!“

„Wir müssen ganz leise sein“, ______________ Martin.

„Komm doch mit“, ______________ Susanne.

„Heute geht es wirklich nicht“, ______________ Monika.

Der Lehrer ______________: „Habt ihr alle das richtig verstanden?“

„Schenk mir noch einen Schnaps ein“, ______________ der Betrunkene.

An der Kreuzung habe sich ein Unfall ereignet, ______________ unser Nachbar.

Über den Witz, den Karin erzählt hatte, mussten wir alle herzhaft ______________.

Der Politiker ______________ vor einer großen Menschenmenge.

Kein Lehrer hat es gerne, wenn die Schüler während des Unterrichts ______________.

Der Angeklagte ______________ die Tat.

Die Gäste saßen gemütlich im Wohnzimmer und ______________ miteinander.

Herr Sandner war mehrere Monate lang in Indien und hatte eine Menge zu ______________. Auf einmal ______________ alle dazwischen. Das Reisebüro ______________ uns ______________, dass der Termin unserer Reise bestätigt wurde.

Wortfeld „sagen“

sprechen erzählen berichten mitteilen behaupten rufen schreien befehlen gebieten lachen singen flüstern seufzen stottern stammeln lallen brummen knurren schimpfen schelten lügen leugnen vorgeben fragen forschen bitten betteln beten flehen antworten erwidern entgegnen versetzen fortfahren einfallen einwerfen einwenden meinen erwähnen reden schwatzen schwätzen klönen plaudern auffordern jammern klagen mitteilen

Aus sinnverwandten Wörtern werden *Wortfelder* gebildet.

Ein Wortfeld erweitert die *sprachlichen Möglichkeiten*.

Ergänze die Sätze! Finde passende Möglichkeiten! Verwende die erste Vergangenheit!

Der General *befahl/rief*: „Kompanie wegtreten!“

Bianca *jammerte/klagte*: „Mir tun furchtbar die Füße weh!“

„Wir müssen ganz leise sein“, *flüsterte* Martin.

„Komm doch mit“, *rief/bat* Susanne.

„Heute geht es wirklich nicht“, *erwiderte/entgegnete* Monika.

Der Lehrer *fragte*: „Habt ihr alle das richtig verstanden?“

„Schenk mir noch einen Schnaps ein“, *lallte* der Betrunkene.

An der Kreuzung habe sich ein Unfall ereignet, *berichtete* unser Nachbar.

Über den Witz, den Karin erzählt hatte, mussten wir alle herzhaft *lachen*.

Der Politiker *sprach* vor einer großen Menschenmenge.

Kein Lehrer hat es gerne, wenn die Schüler während des Unterrichts *schwatzen*.

Der Angeklagte *leugnete* die Tat.

Die Gäste saßen gemütlich im Wohnzimmer und *plauderten* miteinander.

Herr Sandner war mehrere Monate lang in Indien und hatte eine Menge zu *erzählen/berichten*. Auf einmal *redeten* alle dazwischen. Das Reisebüro *teilte* uns *mit*, dass der Termin unserer Reise bestätigt wurde.

Wortfeld „gehen“

rasen sausen · rennen wetzen · brausen jagen · hereinstürmen hereinstürzen · spurten sprinten · wanken humpeln

flitzen hetzen · springen laufen · hasten eilen · hüpfen huschen · staksen staken · stöckeln trippeln · stapfen waten · tippeln tänzeln

hinken lahmen · spazieren marschieren · wandern promenieren · klettern steigen · stolzieren schreiten · bummeln schlendern · schleichen kriechen

watscheln latschen · trampeln poltern · torkeln stolpern · schlurfen trödeln

Hier kann etwas nicht stimmen. Stelle richtig!

Mit hoher Geschwindigkeit schlich ____________ das Auto um die Ecke.

Ein Betrunkener marschierte ____________ unsicher von einer Seite zur anderen.

Mühsam rannte ____________ Gudrun durch den tiefen Schnee.

Der Mann konnte sich kaum mehr auf den Beinen halten und fegte ____________ über die Straße.

In der Pause wateten ____________ die Kinder durch die Aula ins Freie hinaus.

Gemütlich rannten ____________ die beiden Frauen durch den Park.

Die Maus trampelte ____________ in ihr Mauseloch um Schutz zu suchen.

Die Buben und Mädchen humpelten ____________ bei ihrem Ausflug zur Waldschenke.

Die Soldaten tippelten ____________ mit ihren schweren Rucksäcken zur Übung in den Wald.

Nur kurz polterte ____________ Bernd im eiskalten Wasser.

Sie rannten ____________ auf dem Weg zum Bahnhof so lange, bis sie den Zug verpasst hatten.

Ich trampelte ____________ so leise vorbei, dass niemand mich hören konnte.

Die Polizisten stolzierten ____________ schnell dem Einbrecher hinterher.

Hoch erhobenen Hauptes trampelte ____________ die feine Dame an uns vorbei.

Aufgeregt bummelte ____________ ich zum Feuermelder.

Eine Entenfamilie flitzte ____________ gemütlich zum Teich.

Lautlos polterte ____________ Timo in das verlassene Haus.

Gemeinsam hinkten ____________ wir den Berg hinauf.

Rasend schnell wanderten ____________ die Hunde hinter der Beute her.

Wortfeld „gehen“

rasen sausen – rennen wetzen – brausen jagen – hereinstürmen hereinstürzen – spurten sprinten – wanken humpeln

flitzen hetzen – springen laufen – hasten eilen – hüpfen huschen – staksen staken – stöckeln trippeln – stapfen waten – tippeln tänzeln

hinken lahmen – spazieren marschieren – wandern promenieren – klettern steigen – stolzieren schreiten – bummeln schlendern – schleichen kriechen

watscheln latschen – trampeln poltern – torkeln stolpern – schlurfen trödeln

Hier kann etwas nicht stimmen. Stelle richtig!

Mit hoher Geschwindigkeit ___raste___ das Auto um die Ecke.

Ein Betrunkener ___torkelte___ unsicher von einer Seite zur anderen.

Mühsam ___stapfte___ Gudrun durch den tiefen Schnee.

Der Mann konnte sich kaum mehr auf den Beinen halten und ___wankte___ über die Straße.

In der Pause ___liefen___ die Kinder durch die Aula ins Freie hinaus.

Gemütlich ___spazierten___ die beiden Frauen durch den Park.

Die Maus ___huschte___ in ihr Mausloch um Schutz zu suchen.

Die Buben und Mädchen ___wanderten___ bei ihrem Ausflug zur Waldschenke.

Die Soldaten ___maschierten___ mit ihren schweren Rucksäcken zur Übung in den Wald.

Nur kurz ___watete___ Bernd im eiskalten Wasser.

Sie ___trödelten___ auf dem Weg zum Bahnhof so lange, bis sie den Zug verpasst hatten.

Ich ___schlich___ so leise vorbei, dass niemand mich hören konnte.

Die Polizisten ___rannten___ schnell dem Einbrecher hinterher.

Hoch erhobenen Hauptes ___stolzierte___ die feine Dame an uns vorbei.

Aufgeregt ___flitzte___ ich zum Feuermelder.

Eine Entenfamilie ___watschelte___ gemütlich zum Teich.

Lautlos ___schlich___ Timo in das verlassene Haus.

Gemeinsam ___kletterten___ wir den Berg hinauf.

Rasend schnell ___jagten___ die Hunde hinter der Beute her.

Wortfamilie „fahren“

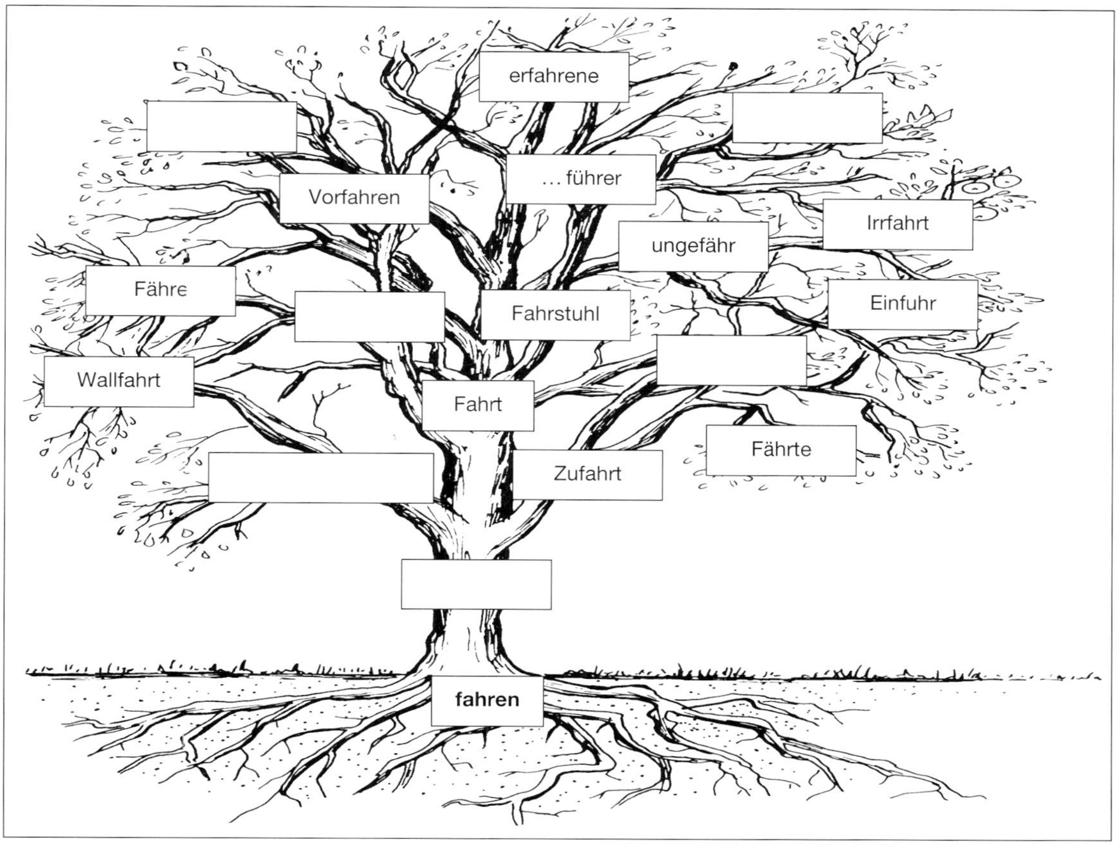

Ergänze die Wortfamilie durch weitere Beispiele! Vorsilben, Nachsilben, Zusammensetzungen und Abwandlungen ermöglichen eine Erweiterung der Wortfamilie.

Wörter, die denselben Stamm haben, bezeichnet man als ______________.
Durch vielfältige Veränderungen verzweigt sich der Wortstamm.

Ergänze die Sätze mit Wörtern aus der Wortfamilie „fahren“!

Während der ____________ in den Urlaub freuten sie sich bereits auf das Baden im Meer. Hier handelt es sich um eine stark ______________ Straße. Meine ____________ stammen aus dem süddeutschen Raum. Der ____________ Trainer konnte der Mannschaft wertvolle Tipps geben. Keiner achtete auf die ____________, die ihnen drohte. Viele gläubige Christen begeben sich auf eine ____________ nach Altötting in Oberbayern. Am Nachmittag besteige ich mein ____________ und besuche meinen Freund. Immer wieder hatten wir uns in der Stadt ____________, es war eine richtige ____________. An der Kreuzung sind zwei Autos frontal ____________________. Die ________________ zum See ist derzeit gesperrt. Zwischen den beiden Hafenstädten verkehrt regelmäßig eine ____________. Auf dem Schiff befinden sich ______________ 200 Menschen. Der ______________ ist zwischen dem fünften und sechsten Stock stecken geblieben. Die ____________ von verbotenen Waren ist strafbar. Der Bauer ist noch mit einem alten ____________ unterwegs. Der Jäger nahm die ____________ des Wildes auf. Viele kleine Jungen wollen Lokomotiv______________ werden.

Wortfamilie „fahren“

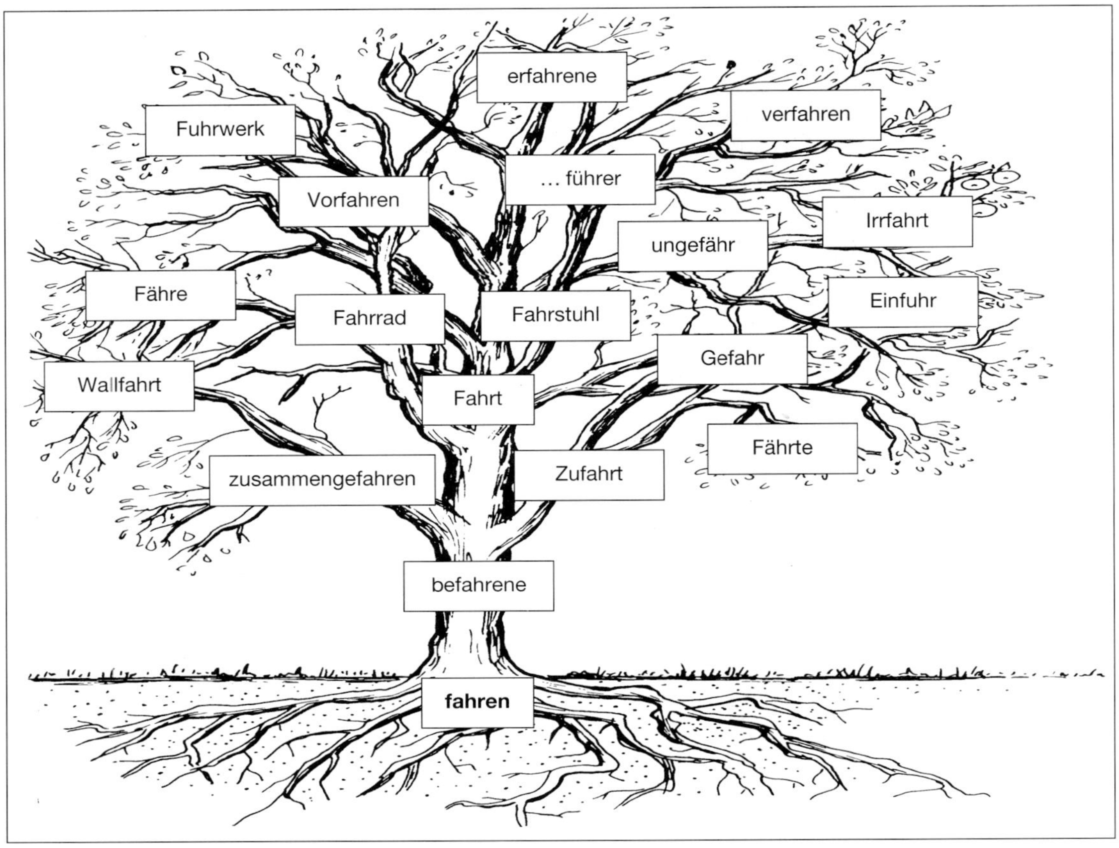

- Ergänze die Wortfamilie durch weitere Beispiele! Vorsilben, Nachsilben, Zusammensetzungen und Abwandlungen ermöglichen eine Erweiterung der Wortfamilie.

Wörter, die denselben Stamm haben, bezeichnet man als *Wortfamilie*. Durch vielfältige Veränderungen verzweigt sich der Wortstamm.

- Ergänze die Sätze mit Wörtern aus der Wortfamilie „fahren“!

Während der *Fahrt* in den Urlaub freuten sie sich bereits auf das Baden im Meer. Hier handelt es sich um eine stark *befahrene* Straße. Meine *Vorfahren* stammen aus dem süddeutschen Raum. Der *erfahrene* Trainer konnte der Mannschaft wertvolle Tipps geben. Keiner achtete auf die *Gefahr*, die ihnen drohte. Viele gläubige Christen begeben sich auf eine *Wallfahrt* nach Altötting in Oberbayern. Am Nachmittag besteige ich mein *Fahrrad* und besuche meinen Freund. Immer wieder hatten wir uns in der Stadt *verfahren*, es war eine richtige *Irrfahrt*. An der Kreuzung sind zwei Autos frontal *zusammengefahren*. Die *Zufahrt* zum See ist derzeit gesperrt. Zwischen den beiden Hafenstädten verkehrt regelmäßig eine *Fähre*. Auf dem Schiff befinden sich *ungefähr* 200 Menschen. Der *Fahrstuhl* ist zwischen dem fünften und sechsten Stock stecken geblieben. Die *Einfuhr* von verbotenen Waren ist strafbar. Der Bauer ist noch mit einem alten *Fuhrwerk* unterwegs. Der Jäger nahm die *Fährte* des Wildes auf. Viele kleine Jungen wollen Lokomotiv*führer* werden.

Wortfamilie „laufen"

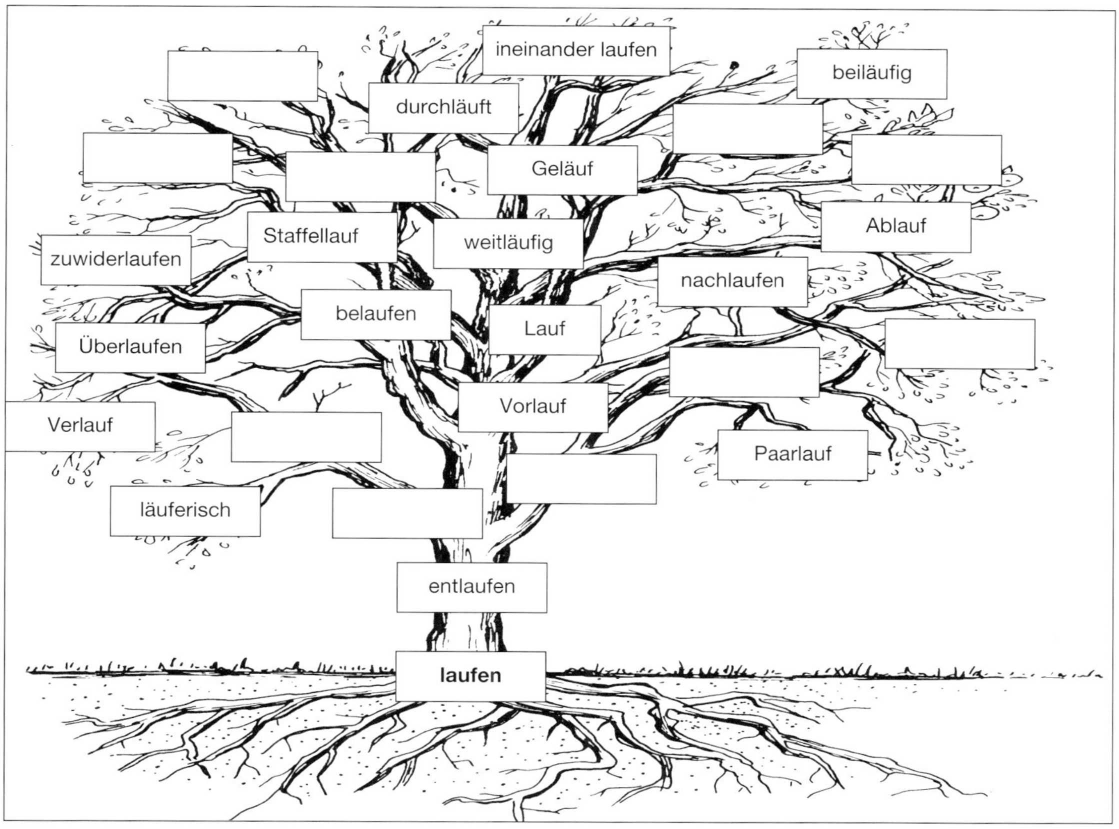

Ergänze die Sätze mit Wörtern aus der Wortfamilie „laufen"! Vervollständige auch den Baum!

„Das ist der __________ der Welt" (Goethe). Der __________ ist eine olympische Disziplin innerhalb der Eiskunstlaufwettbewerbe. Der Junge ist __________ sehr begabt. Das Gespräch nahm einen unvorhergesehenen __________. Herrn Müller sind seine zwei Hunde __________. Der geplante __________ des Festes wurde empfindlich gestört. Die Schulden __________ sich auf mehrere Tausend Euro. Die deutschen Läufer schieden bereits im __________ über 100 m aus. Angeblich soll der __________ begradigt werden. Die Parkanlage am Stadtrand ist sehr __________. Die Akten werden __________ nummeriert. In diesem Punkt ist mir ein grober Fehler __________. Die Pferderennbahn ist durch den Dauerregen zu einem schweren __________ geworden. Bis zum Vollmond __________ der Planet verschiedene Phasen. Nur __________ erwähnte Kurt, dass er nicht wie verabredet zum Sportplatz kommt. Beim Orientierungslauf haben sich offensichtlich zwei Langstreckenläufer __________. Mutter hat heute wieder eine schmackhaften __________ zubereitet. Den Abschluss der Leichtathletikmeisterschaften bilden die __________. Der Fußballspieler __________ Sturm gegen den ungerechtfertigten Platzverweis. Der neu gegründete Verein freute sich über den enormen __________. Die erneute Beleidigung brachte endgültig das Fass zum __________. Wenn jemand ohne Grund beleidigt wegrennt, sollte man ihm nicht __________. Das Fitness-Studio wird mit einem neuen __________ ausgestattet. Dass dieser Mann den Schaden bezahlen muss, ist die __________ Meinung. München ist ein Verkehrsknotenpunkt, in dem internationale Transportsysteme __________. Dieser Beschluss würde unseren Interessen jedoch __________. Um das Gelände __________ ein hoher Zaun.

Wortfamilie „laufen“

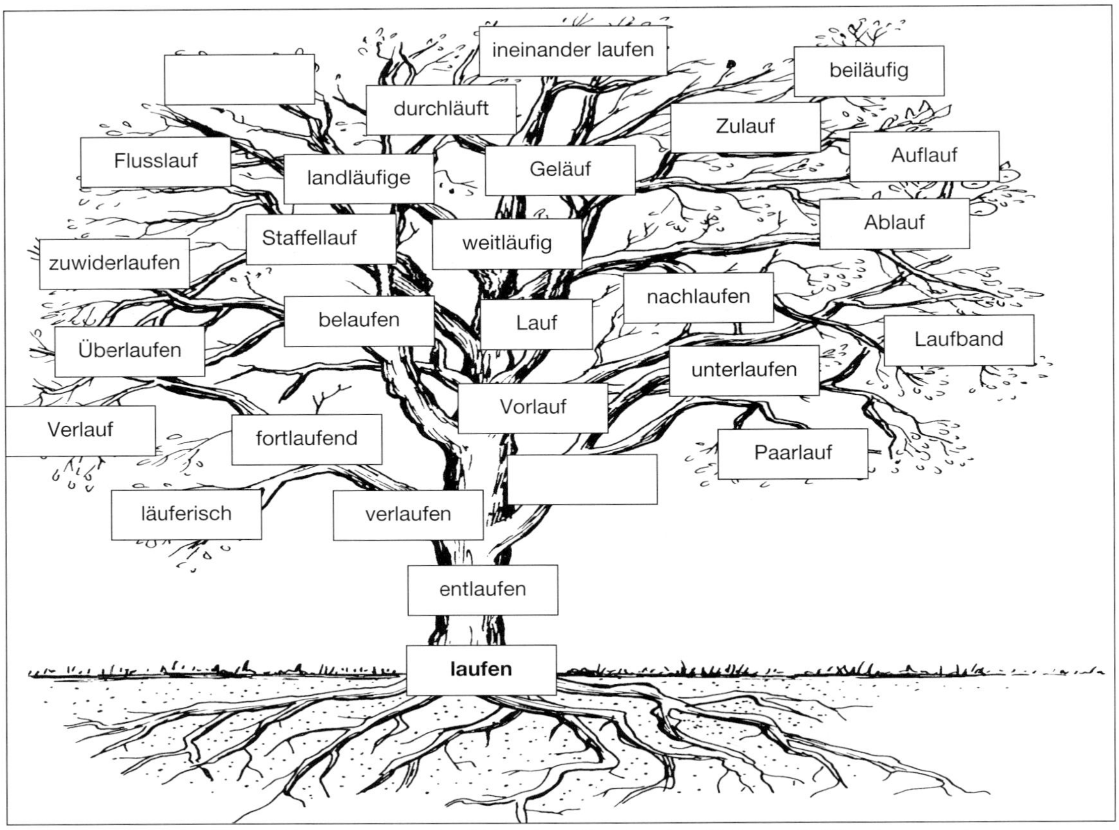

Ergänze die Sätze mit Wörtern aus der Wortfamilie „laufen“! Vervollständige auch den Baum!

„Das ist der Lauf der Welt“ (Goethe). Der Paarlauf ist eine olympische Disziplin innerhalb der Eiskunstlaufwettbewerbe. Der Junge ist läuferisch sehr begabt. Das Gespräch nahm einen unvorhergesehenen Verlauf. Herrn Müller sind seine zwei Hunde entlaufen. Der geplante Ablauf des Festes wurde empfindlich gestört. Die Schulden belaufen sich auf mehrere Tausend Euro. Die deutschen Läufer schieden bereits im Vorlauf über 100 m aus. Angeblich soll der Flusslauf begradigt werden. Die Parkanlage am Stadtrand ist sehr weitläufig. Die Akten werden fortlaufend nummeriert. In diesem Punkt ist mir ein grober Fehler unterlaufen. Die Pferderennbahn ist durch den Dauerregen zu einem schweren Geläuf geworden. Bis zum Vollmond durchläuft der Planet verschiedene Phasen. Nur beiläufig erwähnte Kurt, dass er nicht wie verabredet zum Sportplatz kommt. Beim Orientierungslauf haben sich offensichtlich zwei Langstreckenläufer verlaufen. Mutter hat heute wieder eine schmackhaften Auflauf zubereitet. Den Abschluss der Leichtathletikmeisterschaften bilden die Staffelläufe. Der Fußballspieler läuft Sturm gegen den ungerechtfertigten Platzverweis. Der neu gegründete Verein freute sich über den enormen Zulauf. Die erneute Beleidigung brachte endgültig das Fass zum Überlaufen. Wenn jemand ohne Grund beleidigt wegrennt, sollte man ihm nicht nachlaufen. Das Fitness-Studio wird mit einem neuen Laufband ausgestattet. Dass dieser Mann den Schaden bezahlen muss, ist die landläufige Meinung. München ist ein Verkehrsknotenpunkt, in dem internationale Transportsysteme ineinander laufen. Dieser Beschluss würde unseren Interessen jedoch zuwiderlaufen. Um das Gelände verläuft ein hoher Zaun.

Sprachliche Bilder

Welche Redewendungen kannst du erkennen? Was ist damit gemeint?

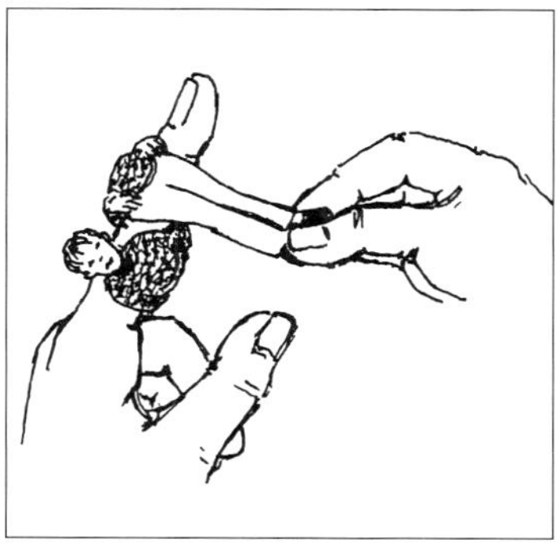

____________________ ____________________ ____________________

____________________ ____________________ ____________________

In unserer Sprache gibt es viele ______________________________.
Die Anwendung sprachlicher Bilder hilft oft, Texte ______________ und ______________ zu gestalten.

Ordne den Redewendungen die jeweilige Bedeutung zu!

1 – den Teufel an die Wand malen
2 – alles auf eine Karte setzen
3 – die Katze im Sack kaufen
4 – sich wie ein Elefant im Porzellanladen benehmen
5 – den Stier bei den Hörnern packen
6 – jemandem unter die Arme greifen
7 – den Vogel abschießen
8 – die Flinte ins Korn werfen
9 – auf glühenden Kohlen sitzen
10 – jemandem auf den Leim gehen
11 – etwas an die große Glocke hängen
12 – den Kopf in den Sand stecken
13 – jemandem etwas auf die Nase binden
14 – jemanden auf den Arm nehmen
15 – sich ins gemachte Nest setzen
16 – aus allen Wolken fallen
17 – jemandem Sand in die Augen streuen

___ – eine Sache energisch in Angriff nehmen
___ – etwas unbesehen kaufen
___ – jemandem helfen
___ – etwas bekommen, ohne dafür etwas geleistet zu haben
___ – ein Unglück erwarten
___ – nichts bemerken wollen
___ – Gewinnerwartung durch volles Risiko
___ – sich taktlos benehmen
___ – völlig überrascht sein
___ – jemandem ein Geheimnis erzählen
___ – etwas ganz Großes erreichen
___ – aufgeben
___ – einer Sache entgegenfiebern
___ – jemanden veralbern
___ – auf jemanden hereinfallen
___ – die Wahrheit verschleiern
___ – etwas für viele bekannt machen

Sprachliche Bilder

Welche Redewendungen kannst du erkennen? Was ist damit gemeint?

mit dem Kopf durch die Wand wollen

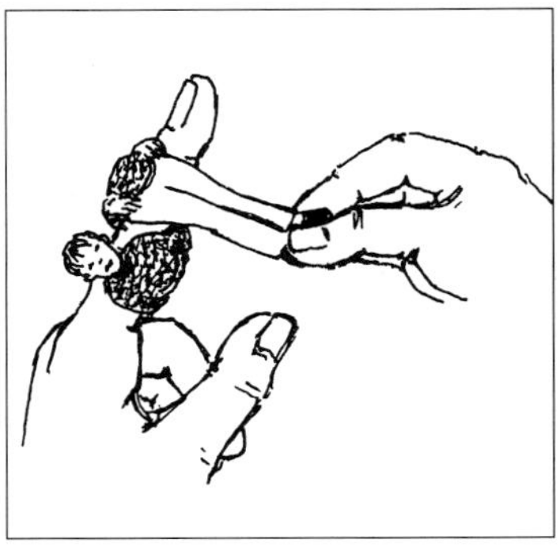

jemanden um den Finger wickeln

jemandem einen Bären aufbinden

In unserer Sprache gibt es viele Sprachbilder.
Die Anwendung sprachlicher Bilder hilft oft, Texte treffender und lebendiger zu gestalten.

Ordne den Redewendungen die jeweilige Bedeutung zu!

1 – den Teufel an die Wand malen
2 – alles auf eine Karte setzen
3 – die Katze im Sack kaufen
4 – sich wie ein Elefant im Porzellanladen benehmen
5 – den Stier bei den Hörnern packen
6 – jemandem unter die Arme greifen
7 – den Vogel abschießen
8 – die Flinte ins Korn werfen
9 – auf glühenden Kohlen sitzen
10 – jemandem auf den Leim gehen
11 – etwas an die große Glocke hängen
12 – den Kopf in den Sand stecken
13 – jemandem etwas auf die Nase binden
14 – jemanden auf den Arm nehmen
15 – sich ins gemachte Nest setzen
16 – aus allen Wolken fallen
17 – jemandem Sand in die Augen streuen

5 – eine Sache energisch in Angriff nehmen
3 – etwas unbesehen kaufen
6 – jemandem helfen
15 – etwas bekommen, ohne dafür etwas geleistet zu haben
1 – ein Unglück erwarten
12 – nichts bemerken wollen
2 – Gewinnerwartung durch volles Risiko
4 – sich taktlos benehmen
16 – völlig überrascht sein
13 – jemandem ein Geheimnis erzählen
7 – etwas ganz Großes erreichen
8 – aufgeben
9 – einer Sache entgegenfiebern
14 – jemanden veralbern
10 – auf jemanden hereinfallen
17 – die Wahrheit verschleiern
11 – etwas für viele bekannt machen

Ein Wort – mehrere Bedeutungen

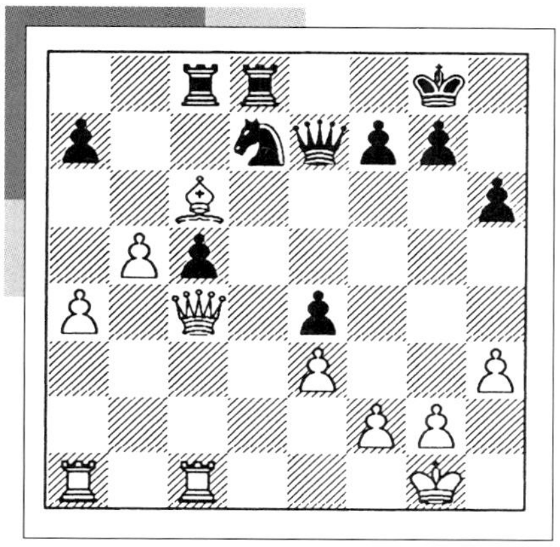

Schach – das königliche Spiel

Im Schachspiel werden für die Figuren Worte verwendet, die auch eine andere Bedeutung haben können.

Schreibe die Begriffe auf und ergänze deren weitere Bedeutung wie im folgenden Beispiel!

____

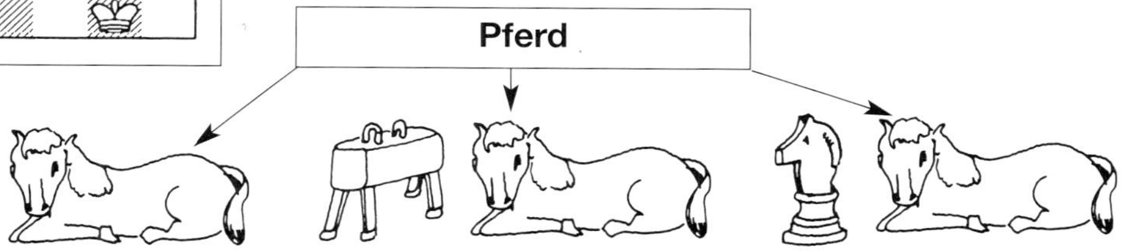

Wörter können ______________________ Bedeutungen haben. Die Bedeutung erkennt man im ______________________.

Setze ein! Welche unterschiedlichen Bedeutungen haben diese Wörter?

Schloss * Hahn * Gericht * Leiter * Bank * Feder * Note * Bein

Inmitten des Parks findest du ein altes __________. Der __________ kräht am Morgen. Der Einbrecher steht endlich vor __________. In Erdkunde bekomme ich eine gute __________. Die Werbeabteilung dieser Firma bekommt einen neuen __________. Der Stuhl wackelt, ein __________ ist zu kurz. Die __________ des Füllers ist verbogen. Oma sitzt auf einer __________.

Kläre die unterschiedlichen Bedeutungen der folgenden Wörter! Verwende die folgenden Wörter im angegebenen Sinnzusammenhang!

Probe (Messung) * Blatt (Papier) * Klammer (Medizin) * Bruch (Mathematik) * Messe (Wirtschaft) * Strudel (Fluss) * Krone (Zahnarzt) * Satz (Tennis)

____
____
____
____
____
____
____
____

Ein Wort – mehrere Bedeutungen

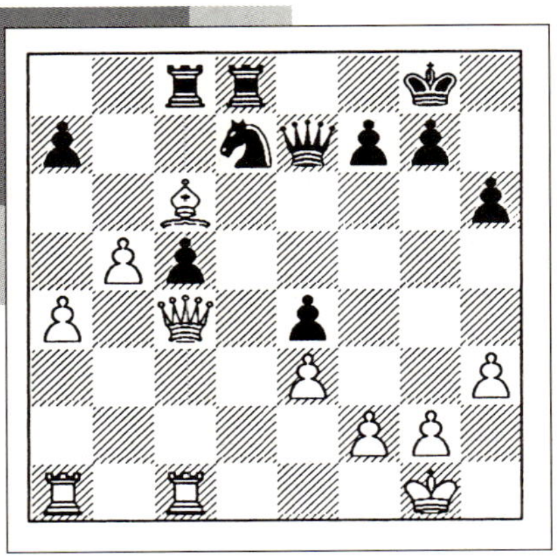

Schach – das königliche Spiel

Im Schachspiel werden für die Figuren Worte verwendet, die auch eine andere Bedeutung haben können.

▶ Schreibe die Begriffe auf und ergänze deren weitere Bedeutung wie im folgenden Beispiel!

Bauer, Turm, Läufer, Springer, Dame, König;

Pferd

Wörter können *verschiedene* Bedeutungen haben. Die Bedeutung erkennt man im *Satzzusammenhang*.

▶ Setze ein! Welche unterschiedlichen Bedeutungen haben diese Wörter?

Schloss * Hahn * Gericht * Leiter * Bank * Feder * Note * Bein

Inmitten des Parks findest du ein altes *Schloss*. Der *Hahn* kräht am Morgen. Der Einbrecher steht endlich vor *Gericht*. In Erdkunde bekomme ich eine gute *Note*. Die Werbeabteilung dieser Firma bekommt einen neuen *Leiter*. Der Stuhl wackelt, ein *Bein* ist zu kurz. Die *Feder* des Füllers ist verbogen. Oma sitzt auf einer *Bank*.

▶ Kläre die unterschiedlichen Bedeutungen der folgenden Wörter! Verwende die folgenden Wörter im angegebenen Sinnzusammenhang!

Probe (Messung) * Blatt (Papier) * Klammer (Medizin) * Bruch (Mathematik) * Messe (Wirtschaft) * Strudel (Fluss) * Krone (Zahnarzt) * Satz (Tennis)

Ober- und Unterbegriffe

Welches Tier passt nicht dazu? Warum?

Wörter kann man nach ____________ und ____________________ ordnen. Oberbegriffe fassen Unterbegriffe inhaltlich zusammen. Unterbegriffe können selbst wieder zu Oberbegriffen werden.

Ergänze! [______________]

Blasinstrumente		Saiteninstrumente	
______	______	______	______
______	______	______	______

Ergänze! Suche zu diesen Begriffen die passenden Oberbegriffe!

Karpfen * Hecht * Forelle * ______________ : ______

Schokolade * Bonbons * Pralinen * ______________ : ______

See * Fluss * Bach * ______________ : ______

Merkur * Venus * Mars * ______________ : ______

Widder * Zwilling * Wassermann * ______________ : ______

Rubin * Smaragd * Topas * ______________ : ______

Frankfurt * Stuttgart * Hannover * ______________ : ______

Buche * Birke * Kastanie * ______________ : ______

Welche Begriffe passen nicht dazu? Suche die richtigen Oberbegriffe!

Rosen * Tulpen * Astern * Birken * Veilchen * Geranien: ______

Tiger * Löwe * Schlange * Panther * Gepard * Leopard: ______

Italiener * Finnen * Spanier * Franzosen * Brasilianer: ______

Tennisball * Schlittschuhe * Hantel * Pokal: ______

Weizen * Gerste * Hafer * Brot * Roggen: ______

Donau * Amazonas * Nil * Mittelmeer * Rhein * Main: ______

Meter * Kilogramm * Sekunde * Uhr * Liter * Tonne: ______

Bayern * Hessen * Dortmund * Niedersachsen * Saarland: ______

Ober- und Unterbegriffe

Welches Tier passt nicht dazu? Warum?

Wörter kann man nach Ober- und Unterbegriffen ordnen. Oberbegriffe fassen Unterbegriffe inhaltlich zusammen. Unterbegriffe können selbst wieder zu Oberbegriffen werden.

Ergänze! **Musikinstrumente**

Blasinstrumente	Tasteninstrumente	**Saiteninstrumente**	Schlaginstrumente
Trompete	Klavier	Harfe	Trommel
Flöte	Orgel	Gitarre	Becken

Ergänze! Suche zu diesen Begriffen die passenden Oberbegriffe!

Karpfen * Hecht * Forelle * Barsch * Zander * Lachs : Fische;
Schokolade * Bonbons * Pralinen * Mohrenköpfe : Süßwaren;
See * Fluss * Bach * Meer * Strom * Rinnsal : Gewässer;
Merkur * Venus * Mars * Erde * Jupiter * Pluto : Planeten;
Widder * Zwilling * Wassermann * Schütze * Löwe : Sternzeichen;
Rubin * Smaragd * Topas * Diamant * Saphir : Edelsteine;
Frankfurt * Stuttgart * Hannover * München * Köln : deutsche Städte;
Buche * Birke * Kastanie * Eiche * Ahorn : Laubbäume;

Welche Begriffe passen nicht dazu? Suche die richtigen Oberbegriffe!

Rosen * Tulpen * Astern * ~~Birken~~ * Veilchen * Geranien: Blumen;
Tiger * Löwe * ~~Schlange~~ * Panther * Gepard * Leopard: Raubkatzen;
Italiener * Finnen * Spanier * Franzosen * ~~Brasilianer~~: Europäer
Tennisball * Schlittschuhe * Hantel * ~~Pokal~~: Sportgeräte;
Weizen * Gerste * Hafer * ~~Brot~~ * Roggen: Getreide;
Donau * Amazonas * Nil * ~~Mittelmeer~~ * Rhein * Main: Flüsse;
Meter * Kilogramm * Sekunde * ~~Uhr~~ * Liter * Tonne: Maßeinheiten;
Bayern * Hessen * ~~Dortmund~~ * Niedersachsen * Saarland: Bundesländer;

Ständig entstehen neue Wörter

Fast täglich begegnen uns neue Begriffe, aktuelle Schlagwörter und unbekannte Abkürzungen. Die moderne Welt verändert sich immer schneller und mit ihr wandelt sich unser Sprachschatz. Ein Großteil der neuen Wörter kommt aus der englischen Sprache.

- Weißt du, was mit den folgenden Begriffen gemeint ist?

- Ordne die Begriffe den Worterklärungen zu! Setze die richtigen Zahlen ein!

1 – Airbag	___ – Sammelstelle für Informationen
2 – Biotop	___ – Trickfahrbahn
3 – Boxenstopp	___ – Truppe, Team
4 – Bungeejumping	___ – ein Firmenzeichen
5 – coachen	___ – Luftkissen im Auto
6 – Crew	___ – „auf Empfang", Verbindung ins Internet
7 – Datenbank	___ – Anzeigefeld elektronischer Geräte
8 – E-Mail	___ – Rennstopp bei der Formel 1
9 – faxen	___ – elektronischer Briefkasten
10 – Halfpipe	___ – Lebensraum für Pflanzen und Tiere
11 – Hotline	___ – Kunststück im Film
12 – Reality-TV	___ – Sprung in die Tiefe, wobei der Körper nur von einem Gummiseil gehalten wird
13 – Laptop	___ – Volleyball am Strand
14 – Logo	___ – im Sportwettkampf betreuen
15 – Mailbox	___ – Antiblockiersystem bei Autos
16 – Stand-by	___ – Datenträger für Computer
17 – Stunt	___ – tragbarer Computer
18 – Workshop	___ – elektronische Post
19 – ABS	___ – Testmethode bei Autos
20 – Megastadt	___ – reale Ereignisse im Fernsehen
21 – Online	___ – In-Betrieb-Bleiben von elektronischen Geräten
22 – Beachvolleyball	___ – Seminar zur Diskussion von Ideen
23 – CD-ROM	___ – Übermittlung von Texten und/oder Bildern
24 – Crashtest	___ – schnelle Verbindungsleitung
25 – Display	___ – Stadt mit mehreren Millionen Einwohnern

Ständig entstehen neue Wörter

Fast täglich begegnen uns neue Begriffe, aktuelle Schlagwörter und unbekannte Abkürzungen. Die moderne Welt verändert sich immer schneller und mit ihr wandelt sich unser Sprachschatz. Ein Großteil der neuen Wörter kommt aus der englischen Sprache.

- Weißt du, was mit den folgenden Begriffen gemeint ist?

- Ordne die Begriffe den Worterklärungen zu! Setze die richtigen Zahlen ein!

1	Airbag	7	Sammelstelle für Informationen
2	Biotop	10	Trickfahrbahn
3	Boxenstopp	6	Truppe, Team
4	Bungeejumping	14	ein Firmenzeichen
5	coachen	1	Luftkissen im Auto
6	Crew	21	„auf Empfang", Verbindung ins Internet
7	Datenbank	25	Anzeigefeld elektronischer Geräte
8	E-Mail	3	Rennstopp bei der Formel 1
9	faxen	15	elektronischer Briefkasten
10	Halfpipe	2	Lebensraum für Pflanzen und Tiere
11	Hotline	17	Kunststück im Film
12	Reality-TV	4	Sprung in die Tiefe, wobei der Körper nur von einem Gummiseil gehalten wird
13	Laptop	22	Volleyball am Strand
14	Logo	5	im Sportwettkampf betreuen
15	Mailbox	19	Antiblockiersystem bei Autos
16	Stand-by	23	Datenträger für Computer
17	Stunt	13	tragbarer Computer
18	Workshop	8	elektronische Post
19	ABS	24	Testmethode bei Autos
20	Megastadt	12	reale Ereignisse im Fernsehen
21	Online	16	In-Betrieb-Bleiben von elektronischen Geräten
22	Beachvolleyball	18	Seminar zur Diskussion von Ideen
23	CD-ROM	9	Übermittlung von Texten und/oder Bildern
24	Crashtest	11	schnelle Verbindungsleitung
25	Display	20	Stadt mit mehreren Millionen Einwohnern

Kennst du diese Piktogramme?

86 000 Vereine – 26 600 000 Mitglieder

86 000 Sportvereine mit rund 26,6 Millionen Mitgliedern gibt es nach Angaben des Deutschen Sportbundes in Deutschland. Rund zwölf Millionen Sportler gelten als nicht organisiert. All diese Menschen üben eine oder mehrere Sportarten aus, als Freizeitsportler, als Aktiver oder im Spitzensport als Profi. In Piktogrammen werden die einzelnen Sportarten dargestellt und so kann jeder erkennen, welche Sportarten damit gemeint sind. Du auch?

______ ______ ______ ______

______ ______ ______ ______

Im Heimatteil einer Zeitung dienen Piktogramme zum raschen Auffinden wichtiger Informationen. Kennst du die Bedeutung dieser Piktogramme? Setze die richtigen Zahlen ein!

1

2

3

4

5

6

7

8

9

10

11

___ – Kino
___ – Bücherei
___ – Termine
___ – Apotheke
___ – Wertstoffe
___ – Telefon(-nummer)
___ – Für Wasserratten
___ – Beratung / Bestellservice etc.
___ – Öffnungszeiten
___ – Ausstellungen
___ – Fernsehen / Fernsehprogramm

Kennst du diese Piktogramme?

86 000 Vereine – 26 600 000 Mitglieder

86 000 Sportvereine mit rund 26,6 Millionen Mitgliedern gibt es nach Angaben des Deutschen Sportbundes in Deutschland. Rund zwölf Millionen Sportler gelten als nicht organisiert. All diese Menschen üben eine oder mehrere Sportarten aus, als Freizeitsportler, als Aktiver oder im Spitzensport als Profi. In Piktogrammen werden die einzelnen Sportarten dargestellt und so kann jeder erkennen, welche Sportarten damit gemeint sind. Du auch?

Basketball

Fußball

Angeln

Skifahren

Surfen

Golf

Radfahren

American Football

Im Heimatteil einer Zeitung dienen Piktogramme zum raschen Auffinden wichtiger Informationen. Kennst du die Bedeutung dieser Piktogramme? Setze die richtigen Zahlen ein!

1

2

3

4

5

6

7

8

9

10

11

- 7 – Kino
- 3 – Bücherei
- 9 – Termine
- 11 – Apotheke
- 8 – Wertstoffe
- 2 – Telefon(-nummer)
- 5 – Für Wasserratten
- 6 – Beratung / Bestellservice etc.
- 1 – Öffnungszeiten
- 10 – Ausstellungen
- 4 – Fernsehen / Fernsehprogramm

Pfiffige Unterrichtsideen von Auer!

Peter Kühn/Irmgard Honnef-Becker

Grammatik-Baukasten 5

Grammatikübungen an Texten
für das 5. Schuljahr
Mit Kopiervorlagen

88 S., DIN A4, kart. Best.-Nr. **2766**

Peter Kühn/Irmgard Honnef-Becker

Grammatik-Baukasten 6

Grammatikübungen an Texten
für das 6. Schuljahr
Mit Kopiervorlagen

104 S., DIN A4, kart. Best.-Nr. **3088**

Grammatikstunden müssen nicht zäh sein! In diesen Bänden werden die Grammatikthemen handlungsorientiert in den Deutschunterricht integriert. Vielfältige Hinweise zu den einzelnen Lektionen und Kopiervorlagen helfen beim Stundenaufbau und geben Anregungen für kreative Einsatzmöglichkeiten.

Thomas Trautmann

Mit Sprache spielen

Angebote für den Deutschunterricht von A bis Z

172 S., DIN A4, kart. Best.-Nr. **3439**

Schluss mit der Sucherei! Dieser Band vereint über 60 Sprachspiele von A–Z für alle Gelegenheiten im Deutschunterricht der Grundschule und Sekundarstufe I zum Erarbeiten und Üben, zum Variieren und Auflockern des Unterrichtsstoffes. Die Geschichten, Spiele und Sprachexperimente helfen den Schülerinnen und Schülern, selbstständig den Rätseln der Sprache auf die Spur zu kommen – mündlich und schriftlich.

Otto Mayr

Sprachlabor

Sprachbetrachtung in den Jahrgangsstufen 7/8
Kopiervorlagen

80 S., DIN A4, kart. Best.-Nr. **3522**

Mit diesem Band werden Ihre Schüler/-innen richtige Sprachforscher! Ausgehend von Texten aus dem Sachbereich erkennen und erforschen sie die jeweiligen sprachlichen Phänomene mit Hilfe von abwechslungsreichen Übungen. Der klare Aufbau nach sprachlichen Phänomenen und das zielgerichtete Experimentieren mit Sprache garantieren, dass aus dem Sprachlabor keine Hexenküche wird.

Alfons Schweiggert/Georgine Müller/Hermann Wirth

Spaß mit Deutsch

Unterrichtsmaterialien für die 5./6. Jahrgangsstufe

56 S., DIN A4, kart. Best.-Nr. **2464**

Wussten Sie schon, dass das kleinste Buch der Welt nur 0,5 mm „groß" und das größte Buch der Welt satte 3,07 m hoch ist?

Dieses und noch viel mehr erfahren Sie und Ihre Schüler/-innen in Spaß mit Deutsch. Sprachspielereien, spannende Lesetexte, witzige Aufgaben zu Rechtschreibung und Sprachbetrachtung sowie einfallsreiche Ideen für den Sprachgebrauch – das alles finden Sie auf 44 Kopiervorlagen und fertig ausgearbeiteten Arbeitsblättern. Egal, ob im Deutschunterricht oder in Vertretungsstunden: So macht Deutsch wirklich Spaß!

Natürlich mit Lösungsteil!

Kopiervorlagen und Materialien für Ihren Unterricht!

Auer BESTELLCOUPON Auer

Ja, bitte senden Sie mir/uns

____ Expl. Peter Kühn/Irmgard Honnef-Becker
Grammatik-Baukasten 5 Best.-Nr. **2766**

____ Expl. Peter Kühn/Irmgard Honnef-Becker
Grammatik-Baukasten 6 Best.-Nr. **3088**

____ Expl. Thomas Trautmann
Mit Sprache spielen Best.-Nr. **3439**

____ Expl. Otto Mayr
Sprachlabor – 7/8 Best.-Nr. **3522**

____ Expl. Alfons Schweiggert/Georgine Müller/Hermann Wirth
Spaß mit Deutsch Best.-Nr. **2464**

mit Rechnung zu.

Rund um die Uhr bequem bestellen unter:
Telefon: 01 80/5 34 36 17
Fax: 09 06/7 31 78
E-Mail: info@auer-verlag.de

Bitte kopieren und einsenden an:

Auer Versandbuchhandlung
Postfach 11 52
86601 Donauwörth

Meine Anschrift lautet:

Name/Vorname

Straße

PLZ/Ort

Datum/Unterschrift

E-Mail